쉽게 만들어 입는 옷 9

같이 입고 싶은
bonpon 커플룩

즐거운상상

즐거운상상

INTRODUCTION

인스타그램
@bonpon511

팔로워 83만 명! 부부의 커플 스타일링 사진이 인기

여러분, 안녕하세요. 저희는 센다이에 사는 60대 부부입니다.
남편 bon, 아내 pon, 합쳐서 '@bonpon511'이라는 계정 이름으로
인스타그램에 두 사람의 코디네이션 사진을 올리고 있습니다.
'511'은 저희 두 사람의 결혼기념일인 5월 11일에서 따왔답니다.
딸의 권유로 집이나 외출해서 찍은 두 사람의 코디 사진을 올리기 시작했는데
상상도 못할 만큼 많은 분이 저희 사진을 봐 주시기 시작했습니다.
이렇게 또 책을 낼 수 있는 것도 응원해 주는 여러분 덕택입니다.
이번 책은 직접 옷을 만든다는 콘셉트의 옷 만들기 책입니다.
여러분도 직접 자기만의 옷을 만들어서 즐길 수 있기를 바랍니다.

contents

02 INTRODUCTION
04 about this book
    마음에 드는 옷감을 골라 나만의 옷을 만들어요
06 사이즈

Let's get sewing! BONPON'S STYLE

10 INDEX
12 PART 1 셔츠 & 원피스
26 PART 2 셔츠 & 투피스
30 PART 3 재킷 & 코트
34 PART 4 팬츠 & 스커트
44 PART 5 가방 & 액세서리

bonpon은 이렇게 입어요! 멋내기 레시피

22 BONPON'S COORDINATE I
40 BONPON'S COORDINATE II

COLUMN

48 bonpon 인터뷰
50 bonpon의 기본색
51 평소에 코디가 완성될 때까지
    화장에 대해
    백발에 대해
52 bonpon의 옷장
54 bonpon의 생활
56 실물 크기 옷본 사용하는 법
57 옷을 만들기 전에
58 작품 만드는 법

마음에 드는
옷감을 골라
나만의 옷을
만들어요

about this book

저희도 평소에는 옷을 사입어요. 하지만 원래 옷 만들기에 관심이 많았어요. 출판사에서 옷 만들기 책 출간을 제안하셔서 새로운 일에 도전하게 되었습니다. 만들기 쉬운 옷, 재봉 방법에 대해서는 출판사의 조언을 받으며 우리 나름대로 옷을 디자인해 보았습니다.
실루엣은 어떻게 할지, 옷감은 무엇을 쓸지, 처음부터 시작해서 옷을 완성하는 체험은 가슴 두근거리는 일이었습니다.

우리 코디는 언제나 두 사람이 연결되어 있는 것이 특징입니다. 완전한 커플룩은 아니면서 색이나 무늬 일부를 맞추는 것이 포인트지요. "오늘은 체크 무늬로 맞춰 볼까?", "빨강을 함께 입어 보면 어떨까?"처럼 주제를 맞춰서 입어요. 이 책에서도 같은 옷감을 사용하거나 색깔을 연결하는 등 여러 가지로 궁리해 봤습니다.

어떤 옷감이
좋을까...

물론 꼭 둘이서 입어야 하는 건 아닙니다. 모두 혼자 입어도 예쁜 옷이니 가벼운 마음으로 만들어서 입어 보면 좋겠습니다.
특히 평소에 pon이 입는 옷은 면이나 리넨 소재의 단순한 실루엣의 원피스나 스커트가 많습니다. 그래서 만들기 쉬운 여성복을 많이 제안할 수 있었답니다.

저희는 60대 시니어 세대지만 평소에는 딱히 시니어용 옷을 사지 않고 젊은 사람들도 입을 만한 기본 스타일의 옷을 삽니다.
이번에 디자인한 옷도 나이에 상관없이 20대부터 70대까지 폭넓은 연령대가 입을 수 있어요.
옷 만들기를 즐기는 분, 핸드메이드를 좋아하는 분, 우리와 마찬가지로 머리가 백발인 분, 60대가 넘으니 어떤 옷을 입어야 할지 잘 모르겠다는 분, 체형을 보완하고 싶은 분, 나이를 신경 쓰지 않고 패션을 즐기고 싶은 분, 부모와 자식 또는 커플, 부부 사이에 커플 코디를 해 보고 싶은 분 등 다양하게 이 책을 즐겨 주시길 바랍니다.

사이즈

이 책에 실린 옷은 S, M, L, LL 이렇게 네 가지 사이즈입니다.
아래 사이즈 표(신체 치수)를 기준으로 만들었습니다.

여성용

부위	사이즈	S	M	L	LL
둘레 치수	가슴둘레	79	84	88	93
	허리둘레	62	66	69	73
	엉덩이둘레	84.5	90	94.5	100
길이 치수	등길이	37	38	39	40
	밑위길이	25	26	26.5	27.5
	밑아래길이	68	70	72	73
	소매길이	52	53	54	55
	키	153	158	162	166

남성용

부위	사이즈	S	M	L	LL
둘레 치수	가슴둘레	92	96	100	106
	허리둘레	80	84	88	94
	엉덩이둘레	90	94	98	103
길이 치수	등길이	48	49	50	52
	소매길이	55	57	58	60
	키	165	170	175	180

모델의 착용 사이즈와 키

LL사이즈 착용

키 160cm

M사이즈 착용

키 170cm

M사이즈 착용

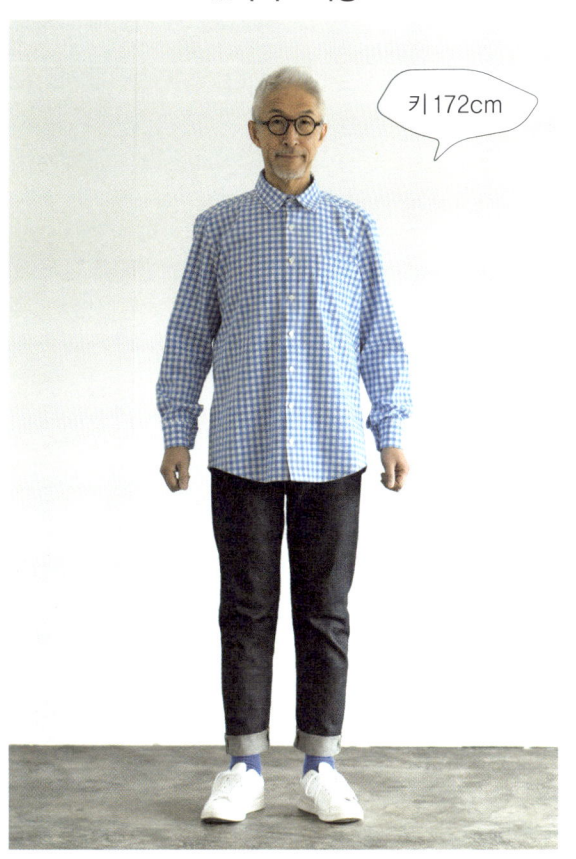

키 172cm

L사이즈 착용

키 183cm

같이 입고 싶은
bonpon 커플룩

Let's get sewing!

BONPON'S STYLE

bonpon이 디자인한 옷을 소개합니다.
아이템끼리 조합하여 돌려 입을 수 있는 것도 있으니
P.22, P.40의 코디 레시피도 참고해 보세요.

INDEX

PON'S STYLE

— 원피스

2	3	4	5
A라인 원피스 p.12	A라인 원피스 p.13	점퍼스커트 p.14	점퍼스커트 p.14

7	8	9	11	12	13
스탠드칼라 원피스 p.16	스탠드칼라 원피스 p.17	스탠드칼라 원피스 p.17	클레릭 셔츠원피스 p.18	5부 소매 원피스 p.20	5부 소매 원피스 p.21

— 투피스

15 심플 블라우스 p.26

16 접박기 스커트 p.26

18 물방울 무늬 세트업 p.28

19 물방울 무늬 세트업 p.28

— 재킷 & 코트

21 리넨 재킷 p.30

23 캐주얼 코트 p.32

— 팬츠 & 스커트

24

배럴 팬츠
p.33

25

배럴 팬츠
p.34

26

접박기 스커트
p.35

27

벌룬 스커트
p.36

28

가우초 팬츠
p.37

30

하프 서큘러 스커트
p.38

— 가방 & 액세서리

31·32·33

라운드 토트백
p.44

34

숄더백
p.46

36

자투리로 만든 브로치
p.47

BON'S STYLE

1

기본 셔츠
p.12

6

기본 셔츠
p.16

10

클레릭 셔츠
p.18

14

기본 셔츠
p.26

17

물방울 무늬 셔츠
p.28

20

노칼라 재킷
p.30

22

여름 재킷
p.32

29

스톨
p.38

35

사코슈
p.47

PART 1
셔츠 & 원피스
SHIRT & ONE-PIECE

BON'S STYLE 1

기본 셔츠

레귤러 칼라의 심플한 남성용 셔츠. 원피스와 세트가 되도록 검정 깅엄체크로 만들었습니다.

How to make ▶ P.66

PON'S STYLE 2

A라인 원피스

허리를 절개하여 접박기를 넣어서 만든 툭 떨어지는 실루엣의 원피스. 품에 여유가 있으면서도 날씬하게 보입니다.

How to make ▶ P.58

M사이즈　M사이즈　LL사이즈　L사이즈

\ different sizes ! /

목둘레 뒤에서 단추 여밈으로 처리했습니다.

넉넉하고 편하게 입을 수 있는 디자인.

PON'S STYLE 3

A라인 원피스

2와 같은 디자인을 무늬 없는 옷감으로 만들어도 좋습니다. 남색 면마를 사용해서 세련된 분위기를 냈습니다.

→ P.30, P.45에서 착용

점퍼스커트

리넨으로 만들어서 자연스러운 분위기를 살린 브이넥 점퍼스커트. 28페이지 블라우스를 안에 받쳐 입어도 좋아요.

How to make ▶ P.62

PON'S STYLE
4

PON'S STYLE
5

P.28의 **18** 블라우스를 안에 입어도 예뻐요.

귀여워!

허리 절개선과 접박기 덕분에 뒷모습도 날씬하게 보이지요.

뻣뻣하지 않은 리넨 옷감으로 만들어서 접박기가 자연스럽고 예쁘게 보입니다.

BON'S STYLE 6

기본 셔츠

빨강 원피스에 맞춰서 빨강 깅엄 체크로 만든 남성용 셔츠. 12페이지의 **1**과 같은 옷본으로 만들 수 있습니다.

How to make ▶ P.66

PON'S STYLE 7

스탠드칼라 원피스

선명한 빨강 리넨으로 만든 스탠드칼라 원피스. 앞판은 단순한 디자인, 뒤판은 주름을 잡았습니다.

How to make ▶ P.70

P.44의 **31** 토드백

뒤쪽에 주름을 잡아 품이 넉넉해요.

PON'S STYLE 8

7과 같은 디자인을 무늬 있는 옷감으로 만들어 봤습니다. 같은 옷감으로 허리띠를 만들어서 허리에 악센트를 주는 것도 예뻐요.

PON'S STYLE 9

7과 같은 디자인을 무늬가 있는 노랑 옷감으로 만들었습니다. 다양한 옷감으로 만들어서 즐길 수 있는 디자인.

BON'S STYLE
10

클레릭 셔츠

옷깃과 소매 부분에만 배색감을 사용한 줄무늬 셔츠. 몸판은 12페이지의 **1**과 같은 옷본으로 만들고 옷깃만 수정했습니다.

How to make ▶ P.65

PON'S STYLE
11

클레릭 셔츠원피스

캐주얼하게 입을 수 있는 셔츠원피스입니다. 그대로 입어도 좋고 앞단추를 풀면 코트처럼 입을 수도 있는 실용적인 옷이랍니다.

How to make ▶ P.76

M사이즈　　M사이즈　　LL사이즈　　L사이즈

허리 부분에 주름을
듬뿍 잡았기 때문에 체형을
보완하고 싶은 분에게 추천합니다.

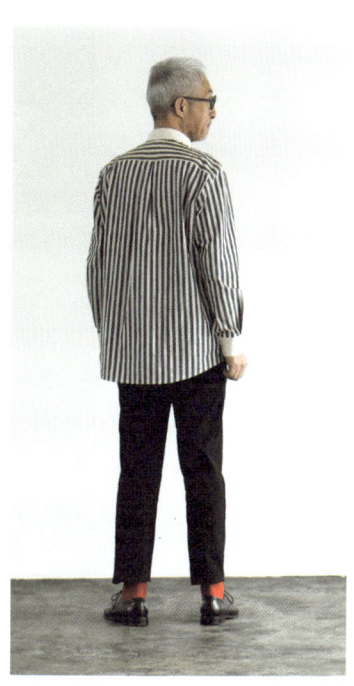

어깨 바대 부분은
줄무늬 방향을 다르게 했습니다.

그대로 입어도 되고 앞 단추를 오픈해 코트처럼 걸쳐 입어도 멋스러워요.

19

PON'S STYLE 12

5부 소매 원피스

캐주얼하게도 고상하게도 연출할 수 있는 옷깃 달린 원피스. 세련된 분위기의 꽃무늬가 돋보이는 리버티 프린트로 만들었습니다.

How to make ▶ P.73

30페이지의 **21** 재킷을 걸쳐도 멋져요.

5부 소매 옷은 봄부터 가을까지 오래 입을 수 있어서 좋아요.

허리선 위아래에 접박기를 해서 조금 잘록하게 만들었기 때문에 차분한 분위기로 입을 수 있습니다.

PON'S STYLE 13

5부 소매 원피스

12와 같은 원피스를 무늬 없는 리넨으로 만들면 캐주얼한 분위기가 납니다.

44페이지의 33 토드백하고도 잘 어울려요.

natural !

bonpon은 이렇게 입어요!
멋내기 레시피

BONPON'S COORDINATE Ⅰ

Part 1에서 소개한 셔츠와 원피스를 중심으로 한 코디네이션을 소개합니다.

원피스는 pon의 평소 코디에서도 자주 등장하는 아이템이죠. 그대로 입기도 하고 위에 카디건을 걸치기도 합니다.

단추를 잠그지 않고 코트처럼 입거나 브로치를 다는 등 다양한 옷차림을 즐길 수 있어서 추천합니다.

코디네이션에 추가하는 아이템은 유행에 좌우되지 않는 기본 스타일이 중심입니다.

깅엄체크를 기본으로 하고 원색인 파랑과 빨강을 추가

카디건은 bon도 pon도 자주 입는 아이템입니다. 시판되는 기본 스타일 카디건을 애용한다고 해요. 선명한 색을 고르면 시니어 세대라도 피부가 칙칙해 보이지 않으므로 추천합니다.

전체를 검정으로 통일하고 빨강으로 포인트를

bon은 1 깅엄체크 셔츠에 35 사코슈를 매치해서 모노톤의 캐주얼한 스타일로 고디했습니다. 2 원피스에는 빨강을 포인트 컬러로 사용하면 잘 어울립니다. 34 숄더백을 매치하고 빨강 양말로 발에도 포인트를 주었습니다.

단정한 느낌이 나는 외출용 코디

미술관 등에 갈 때 잘 어울리는 코디입니다. 빨강과 검정으로 서로 다른 색 깅엄체크 옷을 입고, bon은 검정 재킷, pon은 검정 카디건을 걸쳐서 연결된 느낌을 연출했습니다. 양말과 가방에 빨강 포인트를 넣었어요.

점퍼스커트로 돌려 입기

5 점퍼스커트는 안에 받쳐 입는 옷을 바꾸면 다양한 코디네이션을 즐길 수 있습니다. 왼쪽은 깅엄체크 라운드 칼라 블라우스를, 가운데는 파랑 리넨 블라우스를, 오른쪽은 18 물방울 무늬 블라우스를 받쳐 입었습니다.

검정 재킷   monotone   검정 카디건

검정으로 깔끔하게 세련된 분위기를

10 셔츠와 **11** 셔츠원피스를 검정 모노톤으로 통일해서 멋지게 입어 봤습니다. bon은 검정 재킷을, pon은 검정 카디건을 걸쳤어요. 백발로 다니기 시작한 뒤부터 이런 패션도 잘 어울리게 되었다고 합니다.

숄더백으로 악센트를

10 셔츠와 **11** 셔츠원피스에도 가방이 잘 어울립니다. **34** 숄더백은 어깨끈이 굵어서 멋진 악센트가 된답니다. 두 사람의 발에도 빨강으로 포인트를 줬어요. 화려한 느낌을 내기 쉬운 빨강은 자주 착용하는 색입니다.

원피스를 코트 스타일로

11 셔츠원피스는 앞을 잠그지 않고 코트처럼 입을 수 있는 점이 매력입니다. **3**처럼 장식 없는 원피스 위에 걸쳐서 레이어드 스타일을 연출해 보세요.

PART 2
셔츠 & 투피스
SHIRT & TWO-PIECE

BON'S STYLE
14
기본 셔츠

산뜻한 파랑 깅엄체크로 만든 남성용 셔츠. 청바지와 함께 입으면 캐주얼한 옷차림이 됩니다.

How to make ▶ P.66

PON'S STYLE
15
심플 블라우스

12페이지의 2 원피스 옷본을 이용하여 만들 수 있는 긴소매 블라우스. 매끈하고 시원한 촉감이 기분 좋은 파랑 리넨으로 만들었습니다.

How to make ▶ P.61

PON'S STYLE
16
접박기 스커트

접박기를 넣은 이 스커트는 심플 블라우스와 세트로 입으면 잘 어울려요. 허리에는 고무줄을 넣어서 편안하게 입을 수 있어요.

How to make ▶ P.78

M사이즈   LL사이즈   M사이즈   L사이즈

다양하게 코디하기 쉬운 기본 셔츠.

몸에 달라붙지 않는 리넨으로 만들면
여름에도 입을 수 있어요.

목둘레 뒤쪽은 트임을 주고 단추를 달았어요.

BON'S STYLE 17

물방울 무늬 셔츠

물방울 무늬 옷감으로 만든 셔츠. 자잘한 물방울 무늬가 불규칙하게 있어서 남성용 옷에도 잘 어울립니다.

How to make ▶ P.66

PON'S STYLE 18·19

물방울 무늬 세트업

단품으로 입어도 좋고 세트업으로도 입을 수 있는 블라우스와 스커트 조합입니다. 위아래를 같은 옷감으로 통일하면 편안하면서도 세련된 느낌을 연출할 수 있습니다.

How to make ▶ P.80, 78

블라우스는 앞판과 뒤판의 길이를 다르게 하고
사이드 슬릿을 넣었어요.

18 블라우스는
14페이지의 **5** 점퍼스커트에
이너로 입어도 잘 어울려요.

18

19

PART 3

재킷 & 코트
JACKET & COAT

BON'S STYLE 20

노칼라 재킷

고급스러운 느낌의 헤링본으로 만든 남성용 재킷. 옷깃이 없어서 만들기 쉬워요.

How to make ▶ P.83

PON'S STYLE 21

리넨 재킷

라운드넥과 둥글게 굴린 밑단이 부드러운 분위기를 내는 재킷. 입었을 때 편하면서도 제대로 차려입은 느낌을 주는 옷입니다.

How to make ▶ P.86

13페이지의 **3** 원피스 위에 입어도 잘 어울려요.

20페이지의 **18** 원피스 위에 입어도 멋져요.

두께 있는 헤링본 리넨으로 만들어서
고급스러운 느낌입니다.

BON'S STYLE 22

여름 재킷

샴브레이로 만든 캐주얼 재킷은 초여름에 입기 좋습니다. 단추를 잠그지 않고 편안하게 입는 것을 추천합니다.

How to make ▶ P.83

PON'S STYLE 23

캐주얼 코트

바지에도 원피스에도 스커트에도 잘 어울리는 테일러드 재킷 스타일의 코트. 소매를 걷어서 캐주얼한 분위기로 입어 보세요.

How to make ▶ P.89

단추를 잠궈 입으면
단정한 느낌입니다.

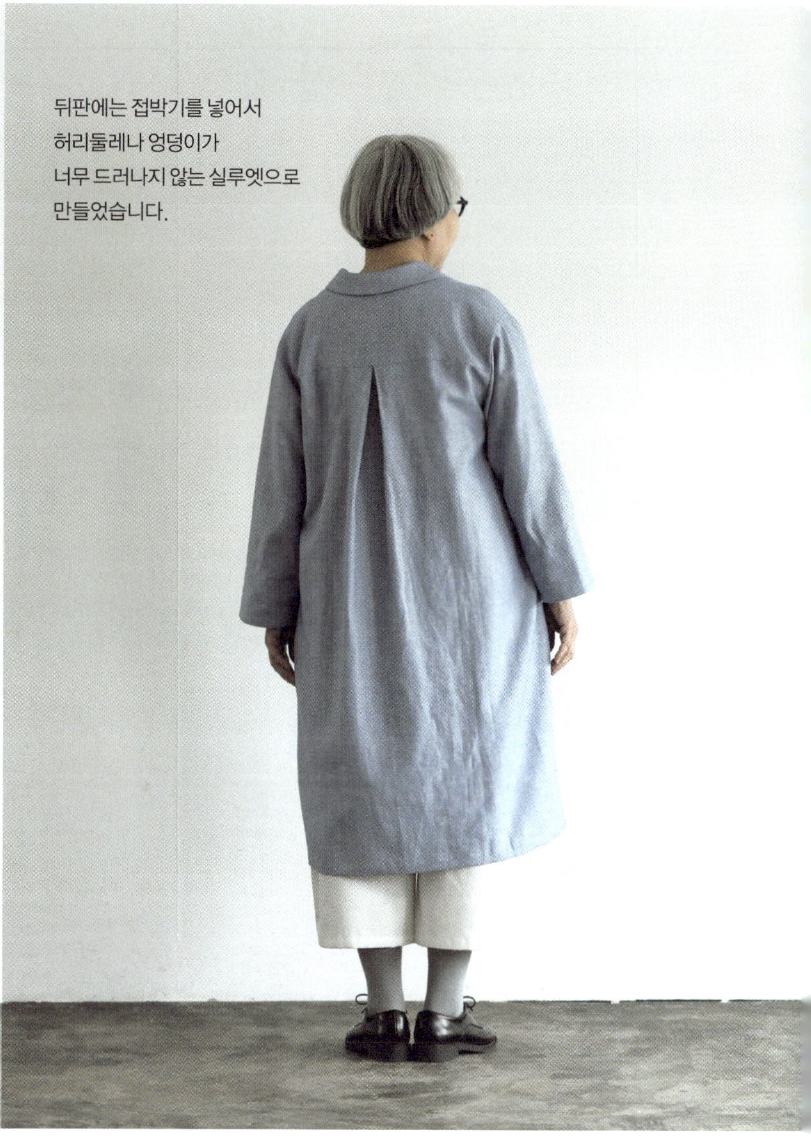

뒤판에는 접박기를 넣어서
허리둘레나 엉덩이가
너무 드러나지 않는 실루엣으로
만들었습니다.

coordinate

코트에 받쳐입은 흰색 바지는
34페이지의 **25**를 다른 색으로 만든 것.
코트에도 아주 잘 어울립니다.

PON'S STYLE
24
배럴 팬츠

How to make ▶ P.92

PART 4
팬츠&스커트
PANTS & SKIRT

엉덩이도 잘 커버합니다.

허리에 접박기를 넣고 밑단은 조금 줄인 입체적인 실루엣.

PON'S STYLE 25

배럴 팬츠

허리와 엉덩이 부분은 부풀리고 밑단은 조이는 형태인 배럴 팬츠. 체형을 보완해 주면서도 지나치게 풍성한 형태가 되지 않도록 했습니다.

How to make ▶ P.92

곰 얼굴 자수가 귀여운 더블 거즈.

PON'S STYLE
26

접박기 스커트

선명한 초록 옷감을 사용한 기본 스커트. 접박기 주름을 넣어서 개더스커트보다 허리 둘레가 날씬하게 보입니다.

How to make ▶ P.78

PON'S STYLE
27

벌룬 스커트

밑단에 접박기를 넣어서 풍선처럼 부풀린 스커트는 무늬 없는 흰색 옷감으로 만들어서 세련된 분위기를 냈습니다. 옷장에 한 벌 있으면 즐겁게 입을 수 있는 디자인이에요.

How to make ▶ P.94

PON'S STYLE 28

가우초 팬츠

불규칙한 물방울 무늬가 귀여운 통바지입니다. 코디하기에 따라서 세련된 느낌으로도 귀여운 느낌으로도 입을 수 있어요.

How to make ▶ P.96

바지 폭이 넓어요!

소프트 브로드클로스로 만들어서 어느 계절이든 무난하게 입을 수 있어요.

BON'S STYLE 29

스톨

더블 거즈로 만들어서 보드랍고 포근한 스톨. 스커트와 똑같은 기하학 무늬 옷감을 사용해서 커플로 코디했습니다.

How to make ▶ P.101

PON'S STYLE 30

하프 서큘러 스커트

서큘러 스커트의 반인 180도 반원이 생기는 스커트. 아래로 늘어지는 실루엣이 매력적입니다.

How to make ▶ P.98

움직일 때 생기는
드레이프가 예뻐요.

양면 옷감을 사용해서
앞뒤 어느 면으로도 사용할 수 있어요.

여러 가지 방법으로 둘러 보세요.

bonpon은 이렇게 입어요!
멋내기 레시피

BONPON'S COORDINATE II

상의와 하의, 겉옷을 사용한 코디네이션을 소개합니다.
이 책에 소개된 옷은 되도록 서로 조합할 수 있게 디자인했으니 다양한 방법으로 코디를 즐겨 보세요.

두 사람의 멋내기 팁을 알려드릴게요.
① 달라붙어서 몸의 선을 드러내는 소재나 안이 비치는 소재는 입지 않는다.
② 여름에도 반소매를 입지 않는다.
③ 목이 많이 파인 옷은 입지 않는다.
점점 더 눈에 띄는 목주름이나 점은 가리면서도 되도록 깔끔하게 보이도록 입는다고 합니다.

시원한 초여름 겉옷 스타일

22 재킷, 23 코트를 살짝 걸친 시원해 보이는 코디. 세트로 입은 남색 가로줄 무늬 티셔츠는 시판 제품. 하의를 흰색으로 입으면 상큼한 분위기가 됩니다.

코트와 점퍼스커트

23 코트는 바지가 아닌 옷에도 다양하게 입을 수 있어요.
5 점퍼스커트와 가로줄무늬 티셔츠를 조합해 보세요.

줄무늬가 포인트가 된 매니시 코디

24 배럴 팬츠에 줄무늬 셔츠를 입어서 서양 남자아이 같은 매니시 스타일로 코디해 봤습니다. 강렬한 세로줄 무늬는 날씬해 보이는 효과도 줍니다.

20 흰색 셔츠

21 + 3 핸드백

제대로 차려입은 느낌의 외출용 코디

20, 21 재킷을 걸쳐서 차려입은 느낌을 낸 코디입니다. 조금 고급스러운 레스토랑에서 식사할 때나 연주회에 갈 때도 추천하는 옷차림입니다. 가방도 평소에 드는 천 가방이 아니라 가죽 핸드백으로 골랐어요.

23 + 26

21 + 12 에나멜 가방

귀여운 느낌으로 코트 입기

23 코트는 스커트에도 잘 어울립니다. 레이스 블라우스와 **26** 스커트를 조합하여 상큼한 느낌으로 코디했어요. 선명한 초록 스커트가 포인트 컬러가 됩니다.

리버티 프린트가 중심이 된 고급스러운 스타일

리버티 프린트 꽃무늬 원피스에 리넨 노칼라 재킷을 조합하여 고급스러운 분위기로 입어 봤어요. 로라 애슐리의 에나멜 가방으로 영국적인 요소를 더해 준 스타일입니다.

같은 무늬를 사용한 겨울철 코디

29 스톨과 **30** 스커트를 겨울철 코디에 이용해 봤어요. bon은 두꺼운 재킷을, pon은 반코트를 입었습니다.

가방이 중심이 된 심플 코디

3 원피스를 입고 빨강 꽃무늬 가방만 들면 완성되는 편한 코디. **32** 꽃무늬 가방은 무늬 없는 원피스를 입었을 때 눈에 잘 띄는 아이템입니다.

빨강 × 검정 모던 코디

7 빨강 원피스에 **31** 물방울 무늬 가방을 들면 멋쟁이 코디 완성! 가슴에 단 브로치는 코긴 자수로 만든 제품이에요.

PART 5

가방&액세서리
BAG & ACCESSORY

PON'S STYLE **31**

PON'S STYLE **32**

PON'S STYLE **33**

라운드 토트백

모서리를 둥글게 만들어서 귀여운 느낌이 나는 토트백입니다. 간단하고 만들기 쉬우면서도 보기 좋은 디자인이랍니다.

How to make ▶ P.100

밋밋한 옷차림에 들면
코디의 악센트가 되지요.

어깨에 멜 수 있는
길이입니다.

PON'S STYLE
34

숄더백

빨간색이 귀여운 숄더백은 부드러운 캔버스 옷감을 사용했습니다. 어깨끈을 조금 굵게 만든 요즘 인기 있는 디자인이에요.

How to make ▶ P.102

BON'S STYLE 35

사코슈

남녀 모두 사용할 수 있는 간단한 사코슈. 가볍게 외출할 때 휴대전화나 지갑을 넣어서 편하게 들고 나갈 수 있습니다.

How to make ▶ P.69

안감은 18페이지 10, 11에 사용한 줄무늬 옷감으로 만들었어요.

PON'S STYLE 36

자투리로 만든 브로치

옷을 만들고 남은 옷감으로 브로치를 만들어 보세요. 브로치는 pon의 코디에 자주 등장하는 유용한 아이템입니다.

How to make ▶ P.103

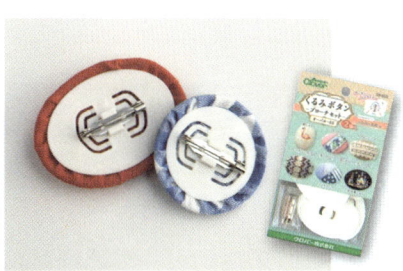

시판 '싸개 단추 브로치 세트'를 사용하면 간단히 만들 수 있어요!

COLUMN bonpon 인터뷰

— 인스타그램을 어떻게 시작하게 되었어요?

p : 계기는 딸의 권유였어요. 딸의 인스타그램에 우리 가족 세 사람의 코디 사진을 올린 적이 있었는데요. 우리를 찍은 사진이 '좋아요!'를 훨씬 더 많이 받았나 봐요(웃음). 그래서 딸이 인스타그램을 시작해 보면 어떻겠냐고 권해 줬어요.

b : 그때는 지금만큼 커플 코디를 의식하지는 않았고 미술관에 갈 때 코디 주제를 맞춰 볼까? 이 정도 느낌이었어요.

p : 색, 무늬, 소재 중 하나를 맞춰 입는 느낌으로요. 인스타그램을 시작하고 나서 점점 커플 코디를 즐기게 됐지요.

b : 지금도 커플룩처럼 완전히 똑같이 입는 건 좀 쑥스러워서 부분적으로 살짝 맞추는 정도가 포인트랄까요.

— 인스타그램을 시작하자마자 팔로워 수가 폭발적으로 늘었다던데요?

b : 예, 맞아요. 우리도 깜짝 놀랐어요.

p : 대만이나 홍콩 등 해외 뉴스에서도 다뤄 줘서 깜짝 놀랐지요.

b : 지금은 83만 명을 넘기까지 했어요. 머리 허연 할아버지 할머니가 뻣뻣하게 서 있는 사진인데 "귀여워요." "멋쟁이네." 하고 많은 분이 말해 주시니 기쁩답니다(웃음).

p : 밖에서 알아보는 경우도 많아졌어요. 마트에서 세일하는 도시락을 사고 있을 때 말을 거셔서 창피할 때도 있지만요(웃음).

b : 그래도 여러분들의 코멘트는 저희한테 격려가 되지요.

p : 맞아요. "이런 부부가 되고 싶어."라든가 "나도 이렇게 나이 먹고 싶다."라는 말을 들으면 기뻐요.

— 패션 관련 일을 하셨나요?

b : 둘 다 아니에요. 저는 그래픽 디자이너, 텔레비전 프로그램 감독으로 광고회사에서 일했습니다.

p : 저는 전업주부고요. 하지만 옛날부터 둘 다 패션은 좋아했어요. 저희 학생 시절은 아이비룩이 한창 유행했던 전성기인데요. 서로 아이비룩 책을 선물한 적도 있어요.

b : 둘이 똑같이 로고가 들어간 트레이닝복을 입은 적도 있었지.

p : 그립네(웃음).

— 두 분의 첫 만남은?

p : 예술계 전문학교에서 만났어요.

b : pon은 쉬는 시간에 기타를 한 손에 들고 포크송을 부를 것 같은 소녀였어요.

p : 그야말로 오버올을 입어서 포크 가수 이루카 같은 차림을 하고 있었죠.

b : 내성적인 저와는 대조적으로 밝고 천진난만한 면에 끌렸어요.

p : bon은 한 살 위여서 그랬는지 어른스럽고 침착한 인상이었어요. 서로 자신에게 없는 성격을 가지고 있어서 관심이 있었던 것 같아요. 학교 축제 뒤풀이에서 고백받았을 때는 엄청 기뻤답니다.

— 부부가 원만히 지내는 비결은 뭘까요?

p : 끝까지 서로 대화하고 싸워도 오래 끌지 않을 것.

b : 최근에는 크게 싸우지도 않게 됐지.

p : 그러게, 젊을 때는 자주 싸웠는데……. 전 감정적인 타입인데 bon은 온화하고 화를 안 내는 타입이에요.

b : 기본적으로 성격이 정반대죠.

p : 제가 확 쏟아내다가 마지막에는 말이 너무 지나쳤나 싶어서 반성하고 사과하면 금방 용서해 주는 그런 느낌이에요. 하고 싶은 말을 다 하면 시원해지는 걸까요. 그래도 헤어지고 싶다고 생각한 적은 한 번도 없고 이 사람이 없으면 안 된답니다.

b : 서로 상대를 염려하는 마음과 함께 있어 주는 데 대한 감사함이 중요하지요.

p : 정반대 성격이라서 서로 보완이 되면서 균형이 잡히죠. 서로 잘 맞는 거겠지요.

— 옷은 평소에 어디에서 구입하세요?

b : 이러니저러니 해도 패스트 패션 옷 가게가 많아요.

p : 기본 스타일 옷이 많아서 이용하기가 편해요. 가격도 괜찮고. 라쿠텐 같은 인터넷 쇼핑을 이용할 때도 많아요. 한 벌의 상한선은 언제나 대략 5천 엔 정도고요.

b : 브랜드 상품 코트처럼 비싼 제품은 야후옥션에서 싸게 사기도 해요. pon은 싸고 좋은 물건을 찾는 데 선수거든요.

p : 인터넷을 예전부터 잘해서요. 몇만 엔짜리 브랜드 코트를 3500엔에 낙찰받은 적도 있어요. '더플 코트', '상태 좋은 중고품' 같은 키워드를 입력해서 검색하면 좋아요. 상태 좋은 물건을 찾기 쉽거든요. 자신에게 맞는 사이즈 옷을 찾기 편한 것도 인터넷의 매력이죠.

— 노후에 맞이한 제2의 인생은 어떠신가요?

p : 지금이 제일 즐거워요. bon이 2017년에 정년퇴직한 뒤로 부부 둘이서 보내는 시간이 늘어서요. 그때까지 평일에는 회사에서 밤늦게 돌아오니까 대화할 시간도 좀처럼 내기 어려웠거든요.

b : 계속 일이 너무 바빠서 외롭게 만들었구나 싶어요. 그만큼 앞으로는 두 사람의 시간을 소중히 여기고 싶네요.

p : 매일 함께 밥을 먹을 수 있는 그런 사소한 것도 기쁘고요. 제2의 신혼 같은 느낌이에요(웃음).

b : 앞으로도 인스타그램을 계속하며 죽을 때까지 쭉 즐겁게 생활할 수 있으면 좋겠습니다.

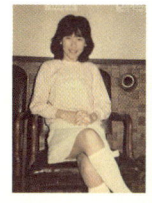

◀ 처음 만난 10대 무렵.

◀ 두 사람이 학생 시절에 서로에게 선물한 아이비룩 도감.

마지막 페이지에는 ▶ 서로에게 주는 메시지

COLUMN

bonpon의 기본색

bonpon 코디의 특징이라면 역시 색 사용법. 특히 백발이 된 뒤로는 원색이 잘 어울린다고 합니다.
그중에서도 자주 쓰는 세 가지 색을 소개합니다.

BLACK 【검정】

거의 실패하지 않는 기본적인 색깔. 검정으로만 세련되게 코디해도 좋고, 검정을 기본으로 하고 포인트 컬러를 살짝 추가하여 즐기는 것도 좋습니다.

RED 【빨강】

화려하게 보이게 하는 빨강은 bonpon의 코디에는 없어서는 안 될 색깔이죠. 진홍이나 와인 색이 아니라 선명한 빨강을 고릅니다.

BLUE 【파랑】

선명하고 예쁜 파랑도 자주 사용하는 색 중의 하나입니다. 시원한 인상을 주므로 봄여름에 입을 때가 많지요.

평소에 코디가 완성될 때까지

❶ 오늘은 깅엄체크 원피스를 입을까.
❷ 그럼 나도 깅엄체크로 하지. 어느 쪽이 나을까?
❸ 둘 다 검정이면 너무 수수하니까 빨강을 입는 게 어때?
❹ 빨강 셔츠에 맞춰서 나도 소품으로 빨강을 코디에 넣어 봤어.
❺ 음, 연결되는 느낌이 조금 더 있었으면 싶은데.
❻ 우리 둘 다 검정 재킷과 카디건을 걸쳐 볼까?
❼ 오늘은 날이 좀 쌀쌀하니까 딱 좋네!

화장에 대해

pon의 화장은 언제나 입술뿐. 파운데이션은 물론이고 스킨로션 등의 기초화장품도 사용하지 않았더니 거친 살결이 개선되었다고 합니다. 건조한 느낌이 들 때는 바셀린을 바르는 정도.

립스틱은 인터넷 쇼핑에서 살 때가 많다고 합니다. 이 립스틱은 좋아하는 한국 화장품. "로즈나 오렌지가 아니라 새빨갛고 매트한 립스틱을 좋아해요."

"백발을 고수한 뒤로는 새빨간 립스틱이 어울리게 됐어요."

백발에 대해

pon : 흰머리를 계속 염색했는데 쉰두 살 때 갑자기 염색약 부작용이 생겨서 두피가 엉망이 됐어요. 이미 bon도 머리가 새하얗기 때문에 저도 포기하고 백발로 지냈지요. 그랬더니 지금까지 입던 옷이 하나도 어울리질 않아서(눈물). 그때 딸의 꼼데가르송 옷을 빌려서 입어 보니까 아주 잘 어울리더라고요. 딸 흉내를 내서 새빨간 립스틱도 발라 보니 그것도 잘 어울리고요. 그때부터 지금 같은 패션이 되었어요.

bon : 저는 마흔 지나면서부터 흰머리가 늘어났던가. 쉰이 됐을 무렵에는 이미 새하얗게 셌지요.

pon : 머리도 제가 잘라요. 미용실에 가도 좀처럼 제 생각대로 머리 모양이 나오지 않아서요. 가끔 너무 많이 자르기도 하지만(웃음).

COLUMN

bonpon의 옷장

bonpon의 멋내기는 여기에서 탄생하죠!
옷장 속을 공개합니다.

가방

평소에 자주 사용하는 천 가방. 가격도 적당하고 가벼운 데다가 물건을 많이 넣을 수 있어서 좋습니다.

정식으로 차려입은 복장일 때는 가죽 가방을 듭니다.

신발

인터넷 쇼핑에서 살 때가 많습니다. 어느 것이나 3천~4천 엔 정도 하는 적당한 가격의 제품입니다.

(왼쪽 위) 봄여름에 많이 신는 흰색 운동화 (오른쪽 위) 세트로 산 워킹화 (왼쪽 아래) 검정 가죽 구두와 에나멜 구두 (오른쪽 아래) 가죽 슬립온.

양말

빨강, 파랑, 검정을 비롯하여 코디네이션의 포인트 컬러로 대활약. 목이 짧은 양말을 자주 신습니다.

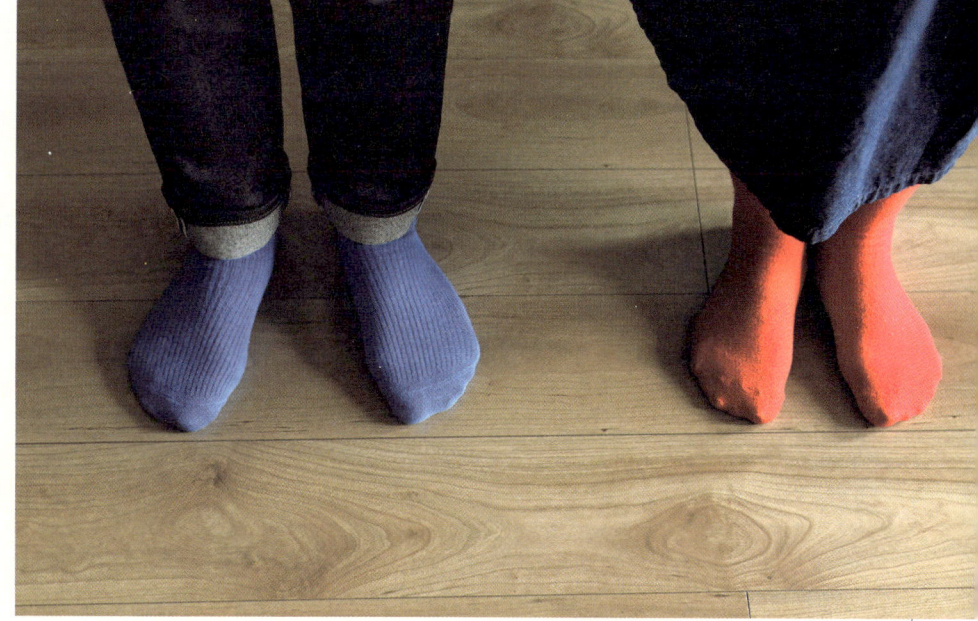

브로치

코디할 때 악센트로 사용할 수 있는 브로치. PARCO에서 발견한 쓰가루 지방의 코긴 자수 브로치 4개. 오른쪽 위에 있는 복고적인 분위기가 귀여운 빨강 브로치는 딸에게 선물 받았고 금속 브로치는 딸이 워크숍에서 만든 것. 미쓰코시 이세탄 백화점과 협업한 자수 브로치 3개.

안경

직접 써 보고 얼굴에 잘 어울리는 것을 고른다고 합니다. 왼쪽 2개는 pon의 안경, 오른쪽 3개는 bon의 안경. 지금은 JINS의 안경을 사용하고 있지만 전에는 안느 발레리 아슈(왼쪽 아래), 마스나가(오른쪽 아래) 같은 제품을 사용했습니다.

COLUMN

bonpon의 생활

두 사람이 평소에 어떤 것을 좋아하는지, 패션에 관한 영감은 어디에서 오는지,
생활 속에서 그 힌트를 찾아보았습니다.

북유럽 패브릭

소파에 있는 쿠션은 마리메코의 패브릭 옷감을 사다가 pon이 쿠션 커버를 만들었습니다.

고양이가 좋아

침실의 침대 커버는 고양이 무늬에 한눈에 반해서 이케아에서 구입한 제품. 구석에는 사랑스러운 고양이 인형도 있어요.

오하시 아유미 디자인

pon이 좋아하는 일러스트레이터 오하시 아유미가 디자인한 머그잔. 빨강은 pon이, 검정은 bon이 쓰고 있어요.

미술 및 패션 관련 책

방에는 bon이 좋아하는 미술 관련 책과 pon이 좋아하는 오하시 아유미의 책이 있어요. 아이비룩 도감은 학생 시절에 서로 선물한 책.

핸드메이드 인형

집에는 전 세계에서 보내온
손수 만든 bonpon 인형이!

▼ 미쓰코시 이세탄 백화점에서 연 이벤트용으로
영국 작가 바비 대즐러가 만든 인형.

▲ 인스타그램에서 교류한 이스라엘의 인형 작가가 만들어서 보내 준 인형.

pon과 재봉틀

코로나19 바이러스의 유행을 계기로 재봉틀을 새로 마련하여 마스크를 만들었다고 합니다. "옛날에는 딸이 어린이집에 가지고 갈 물건이나 스커트 같은 걸 만들었죠. 재봉틀을 사용하는 건 오랜만이지만 내 손으로 뭔가 직접 만드는 건 역시 즐겁네요."

실물 크기 옷본 사용하는 법

1 실물 크기 옷본을 책에서 잘라 낸다.
- ◆ 실물 크기 옷본을 절취선에서 잘라서 떼어 냅니다.
- ◆ 만들고 싶은 작품 번호의 옷본이 어떤 선으로 표시되어 있는지, 옮겨 그려야할 옷본 개수는 몇 개인지 확인합니다.
- ◆ 옷본을 수정해야 하는 작품은 만드는 법 페이지에 수정 방법이 나와 있으므로 거기에 맞춰서 확인합니다.

2 다른 종이에 옮겨 그린다.
- ◆ 옮겨 그리는 방법에는 아래의 두 가지 방법이 있습니다.
- ◆ '맞춤 표시', '주머니 다는 위치', '트임 끝', '식서 방향' 등도 잊지 말고 옮겨 그리고, 해당 부분의 '이름'도 적습니다.

비치지 않는 종이에 옮겨 그릴 때
옮겨 그릴 종이 위에 옷본을 놓습니다. 초크 페이퍼를 그 사이에 끼우고, 소프트 룰렛으로 옷본의 선을 따라서 그립니다.

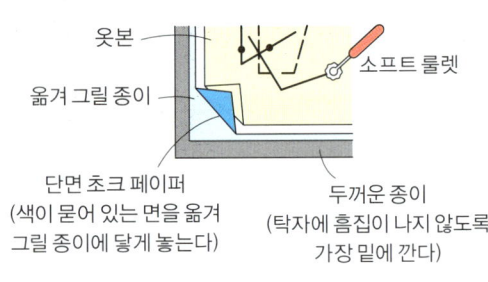

- 옷본
- 옮겨 그릴 종이
- 소프트 룰렛
- 단면 초크 페이퍼 (색이 묻어 있는 면을 옮겨 그릴 종이에 닿게 놓는다)
- 두꺼운 종이 (탁자에 흠집이 나지 않도록 가장 밑에 깐다)

비치는 종이에 옮겨 그릴 때
옷본 위에 옮겨 그릴 비치는 종이나 패턴용 부직포를 놓고 연필로 따라 그립니다.

- 옷본
- 옮겨 그릴 종이
- 종이가 어긋나지 않도록 문진이나 시침핀으로 고정한다
- 연필은 끝을 뾰족하게 깎아서 사용

옷본이 겹쳐져 있을 때
몸판과 안단 등 옷본 2개가 1장에 겹쳐져 있는 것도 있습니다. 이럴 때는 그림처럼 2번 옮겨 그려서 각각 옷본을 만듭니다.

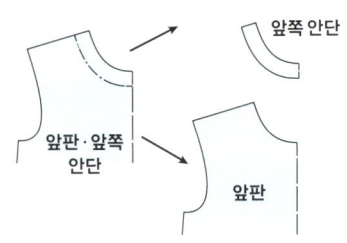

- 앞쪽 안단
- 앞판·앞쪽 안단
- 앞판

3 시접을 두고 옷본을 자른다.
- ◆ 옷본에는 시접이 포함되지 않았으므로 만드는 법 페이지의 지시에 따라서 시접을 둡니다.
- 몸판 옆선이나 소맷부리 등 비스듬한 부분이나 곡선 부분은 시접이 부족할 수가 있으므로 그림처럼 옷본을 접은 상태에서 자릅니다.

◆ 시접을 둘 때 주의할 점 ◆

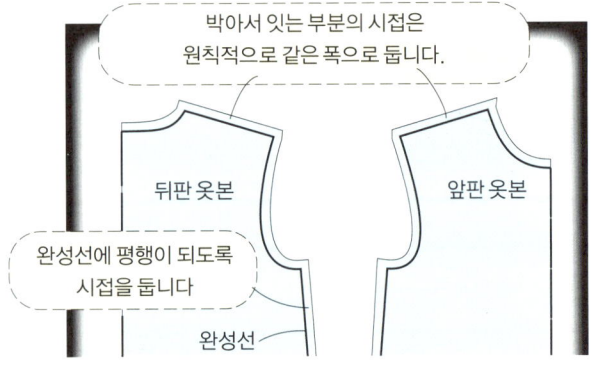

- 박아서 잇는 부분의 시접은 원칙적으로 같은 폭으로 둡니다.
- 뒤판 옷본
- 앞판 옷본
- 완성선에 평행이 되도록 시접을 둡니다
- 완성선

시접을 둔다 → 자른다

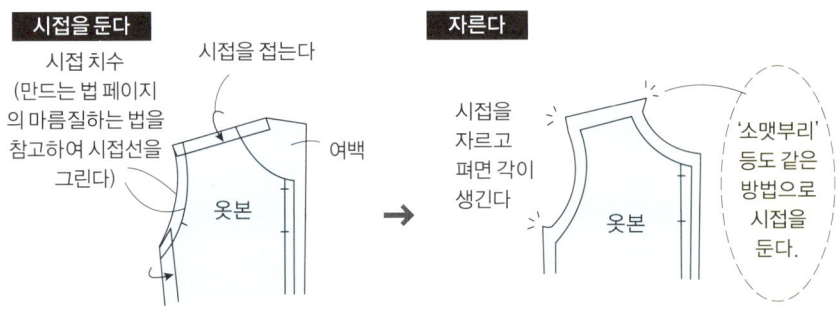

- 시접 치수 (만드는 법 페이지의 마름질하는 법을 참고하여 시접선을 그린다)
- 시접을 접는다
- 여백
- 옷본
- 시접을 자르고 펴면 각이 생긴다
- 옷본
- '소맷부리' 등도 같은 방법으로 시접을 둔다.

- 옷감 소재의 성질(두께, 늘어나는 정도)과 트임 위치(뒤판 중심선, 앞판 중심선 등), 봉제 방법에 따라 시접 폭은 달라집니다.

- 옷본을 잘라 내면 부분명이나 식서 표시 등을 빠뜨리고 안 적은 곳이 없는지 확인한다
  - 적는다
  - 뒤판
  - 앞판

- 소매처럼 앞쪽과 뒤쪽이 있을 때는 옷본에도 표시해 둔다
  - 뒤 앞 소매

4 옷본을 옷감 위에 배치하고 옷감을 마름질한다.

- 필요한 옷본을 옷감 위에 놓아 봅니다. 이때 옷감의 접는 법, 옷본의 식서 방향(옷감의 세로 방향) 등에 주의하면서 배치하고, 옷감이 움직이지 않도록 주의하면서 마름질합니다.

- 큰 탁자가 없으면 옷감을 펼칠 수 있는 공간에서 마름질한다.
- * 옷감의 식서 방향(옷감의 세로 방향)
- * 날실 방향을 세로 올 방향(식서 방향), 씨실 방향을 가로 올 방향(푸서 방향)이라고 한다.
- * 식서 방향과 옷본에 적힌 식서 방향선(↔)을 맞춰서 옷본을 놓는다.

- 옷감을 마름질하기 전에 옷본을 전부 놓아 보고 배치를 생각한다.
- 마름질할 때 옷감을 움직이면 선이 어긋나므로 몸을 움직이면서 마름질한다.
- 직선 부분은 실물 크기 옷본이 들어 있지 않으므로 직접 옷감에 선을 그려서 마름질한다.

옷을 만들기 전에

사이즈 표 (신체 치수) (단위 cm)

여성용

부위 \ 사이즈		S	M	L	LL
둘레 치수	가슴둘레	79	84	88	93
	허리둘레	62	66	69	73
	엉덩이둘레	84.5	90	94.5	100
길이 치수	등길이	37	38	39	40
	밑위길이	25	26	26.5	27.5
	밑아래길이	68	70	72	73
	소매길이	52	53	54	55
	키	153	158	162	166

남성용

부위 \ 사이즈		S	M	L	LL
둘레 치수	가슴둘레	92	96	100	106
	허리둘레	80	84	88	94
	엉덩이둘레	90	94	98	103
길이 치수	등길이	48	49	50	52
	소매길이	55	57	58	60
	키	165	170	175	180

사용 기호

- 만드는 법 페이지의 숫자 단위는 cm.
- ── 완성선 (굵은 지시선)
- ─── 안내선 (가는 지시선)
- ─·─ 골선, 접음선
- ⟷ 식서 방향 (화살표 방향이 옷감의 세로 방향을 가리킨다)
- ⌒⌒ 등분선 (같은 치수를 나타내는 기호를 붙이기도 한다)
- ● ○ × △ ⬛ ✕ etc. 옷본끼리 같은 치수로 맞추라는 표시 (모양에 제한은 없다)
- ○ 단추
- 주름 잡는 법을 표시한다 (빗금의 높은 쪽에서 낮은 쪽으로 옷감을 접는다)

완성 치수 표기

- 원피스·블라우스 (목점, 전체 길이)
- 치마 (치마 길이)
- 바지 (바지 길이)

옷감을 마름질하는 법

이 책의 실물 크기 옷본에는 시접이 포함되어 있지 않습니다. 만드는 법 페이지의 '옷감을 마름질하는 법'에 적힌 시접 치수를 더한 옷본을 만들어서 옷감을 마름질합니다.

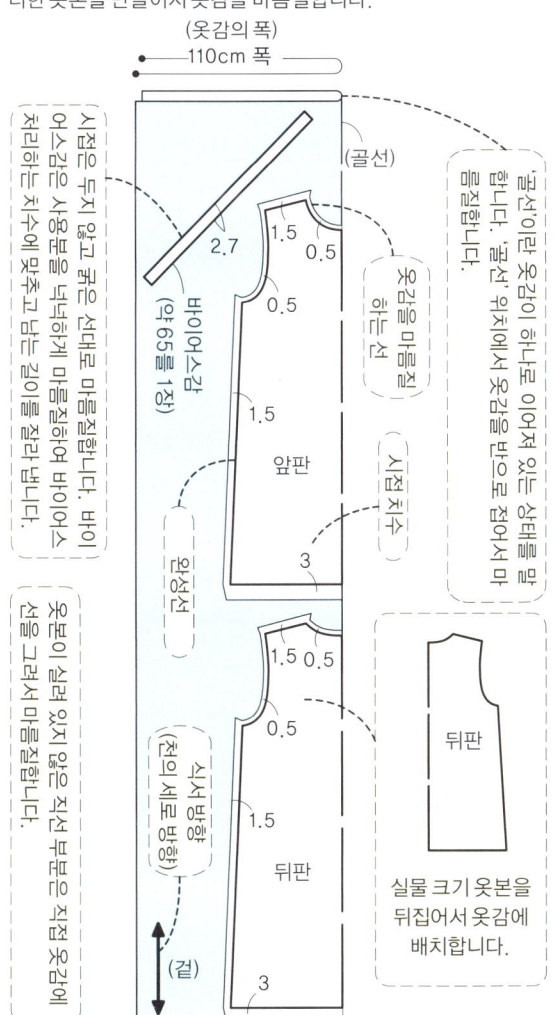

표시하는 법

2장을 한꺼번에 마름질할 때

옷감 사이(안쪽 면)에 양면 초크 페이퍼를 끼우고 소프트 룰렛으로 완성선을 따라 그립니다. 맞춤 표시나 주머니 다는 위치 등도 잊지 말고 표시합니다.

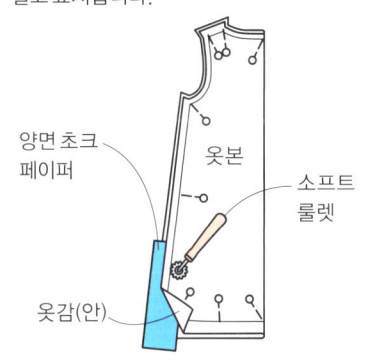

1장으로 마름질할 때

옷감 안쪽 면과 단면 초크 페이퍼의 색이 묻은 면을 맞대고 소프트 룰렛으로 완성선을 따라 그립니다.

접착심지 붙이는 법

다리미는 옆으로 밀지 말고 절반씩 겹치면서 틈이 생기지 않도록 조금씩 움직이며 누르듯이 다려 줍니다.

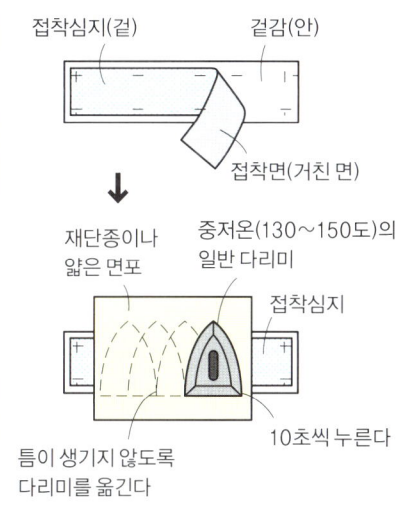

단춧구멍 크기와 위치

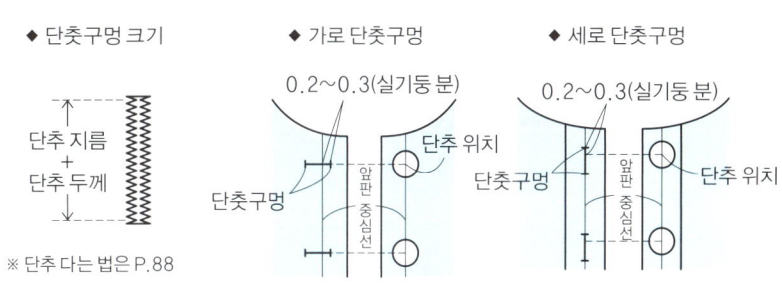

- 단춧구멍 크기: 단추 지름 + 단추 두께
- 가로 단춧구멍: 0.2~0.3 (실기둥 분)
- 세로 단춧구멍: 0.2~0.3 (실기둥 분)

※ 단추 다는 법은 P.88

P.12 **2**

P.13 **3**

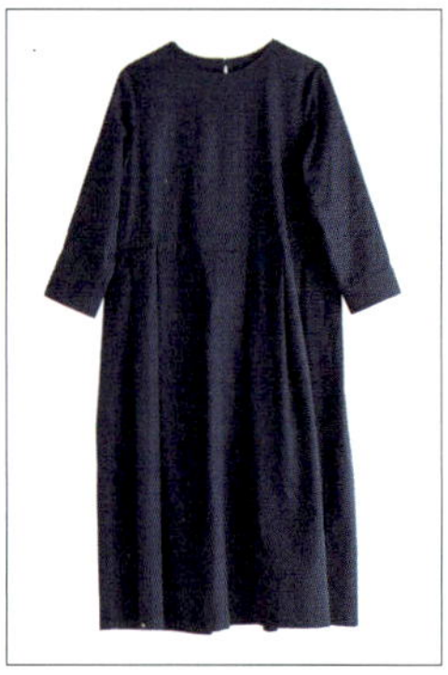

재료	치수	S	M	L	LL
No.2 겉감(리넨 혼방 체크무늬-면 85% 리넨 15%)	110cm 폭	310cm	320cm	330cm	330cm
No.3 겉감(소프트 리넨 코튼 캔버스-면 45% 리넨 55%)	108cm 폭	310cm	320cm	330cm	340cm
접착심지	112cm 폭	40cm	40cm	40cm	40cm
단추	지름 1.1cm	1개	1개	1개	1개
완성 치수	전체 길이	113cm	116.3cm	119.4cm	121.5cm
	가슴둘레	100.2cm	106.6cm	112cm	117.2cm

실물 크기 옷본

◆ 실물 크기 옷본 A면 2를 사용합니다.

사용하는 부분 : 앞판, 뒤판, 소매, 앞쪽 안단, 뒤쪽 안단, 커프스

※ 치마는 실물 크기 옷본이 없으므로 직접 그립니다.

※ 천루프는 옷감에 직접 그려서 마름질합니다.

〈옷본 · 제도〉　　= 실물 크기 옷본

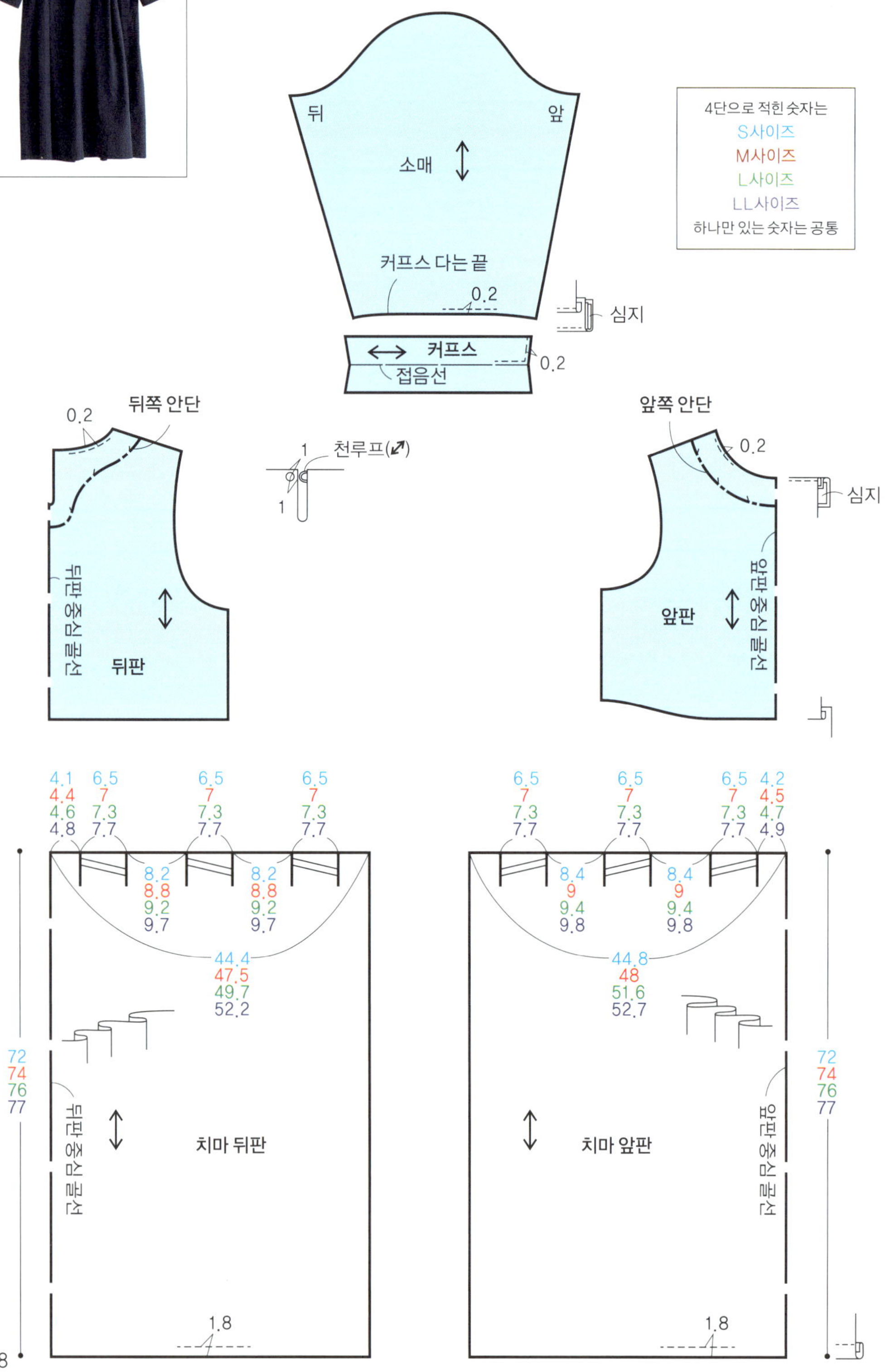

4단으로 적힌 숫자는
S사이즈
M사이즈
L사이즈
LL사이즈
하나만 있는 숫자는 공통

겉감을 마름질하는 법

◆ 정해진곳 이외의 시접 치수는 1cm

= 접착심지를 붙이는 부분

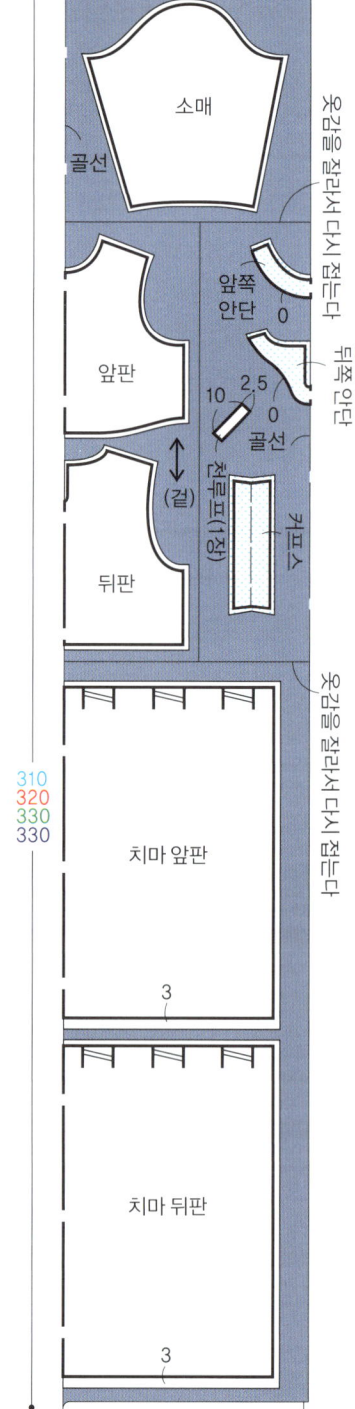

No. 2 110cm 폭
No. 3 108cm 폭

만드는 순서

Front

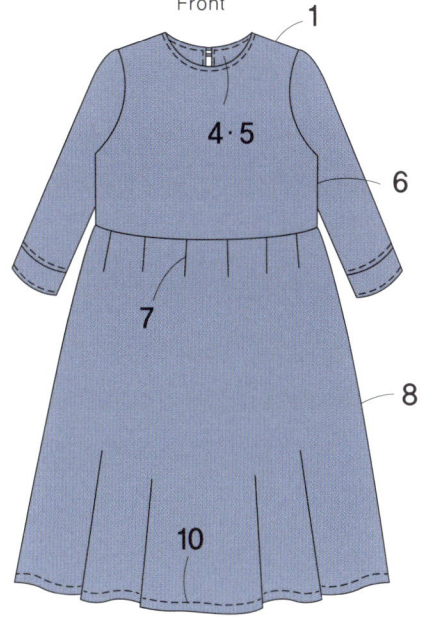

Back

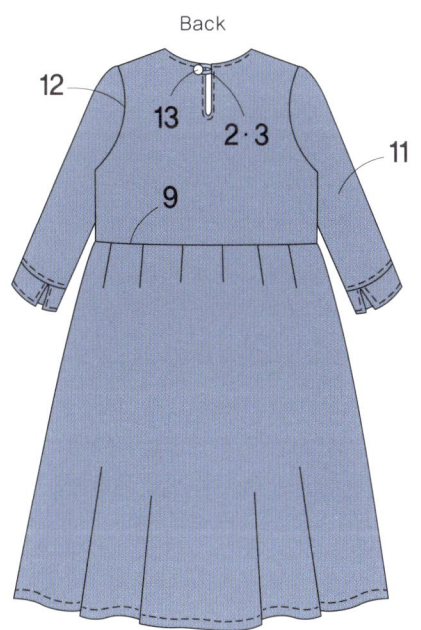

만드는 법

* 준비 작업 : 안단, 커프스에 접착심지를 붙인다. 마름질하여 몸판 옆선, 어깨선, 소매 옆선, 안단 가장자리를 지그재그로 박는다.

1 어깨선을 박는다.

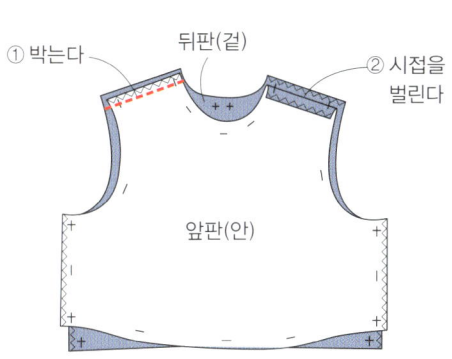

2 천루프를 만든다.

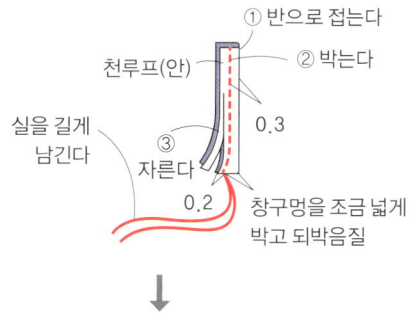

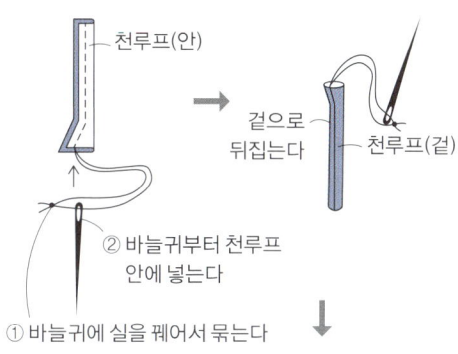

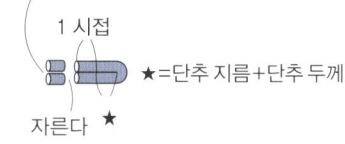

3 천루프를 단다.

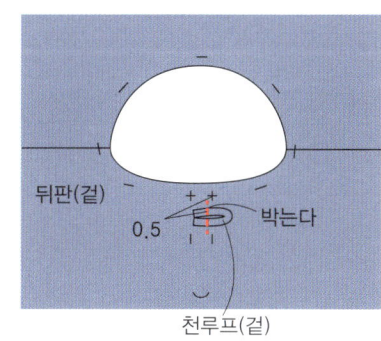

4 안단을 만든다.

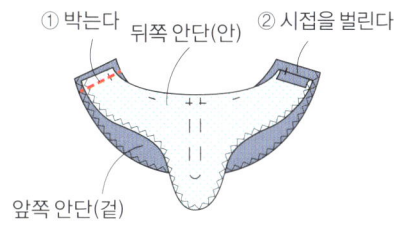

5 안단을 단다.

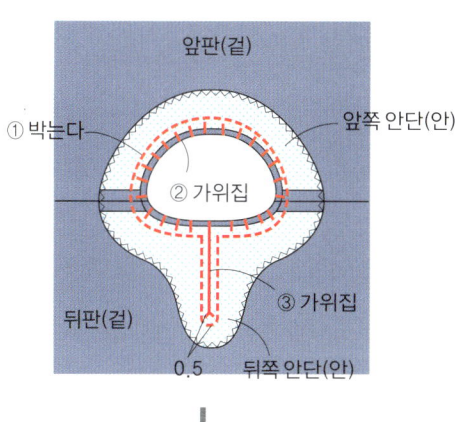

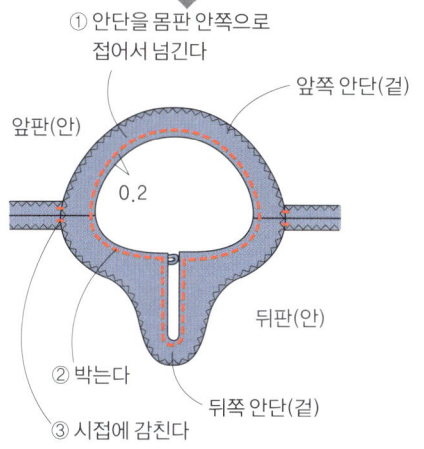

6 옆선을 박는다.

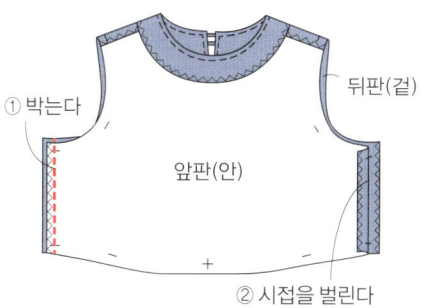

7 치마에 접박기를 한다.

※ 치마 뒤판도 같은 방법으로 박는다

8 치마 옆선을 박는다.

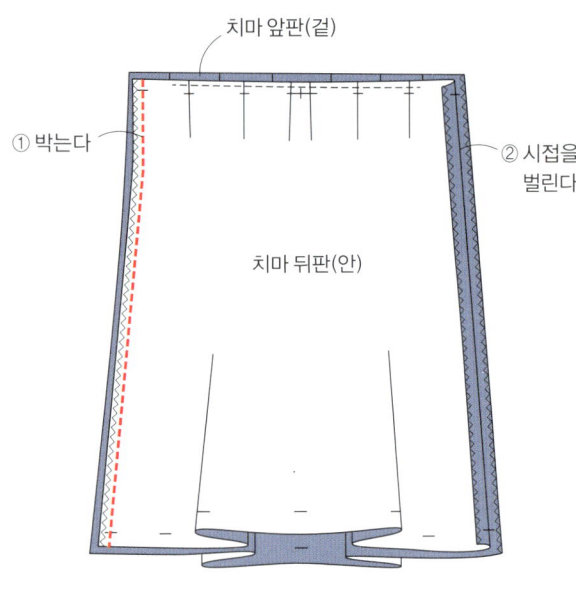

9 치마를 잇는다.

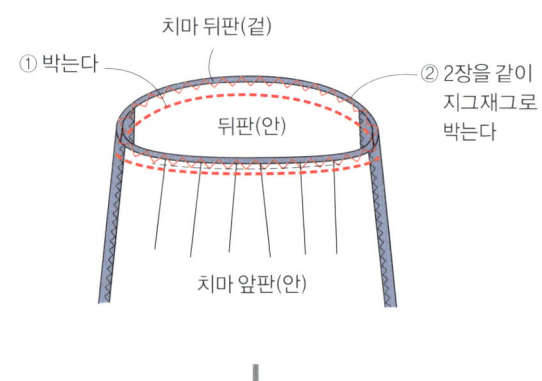

10 밑단을 박는다.

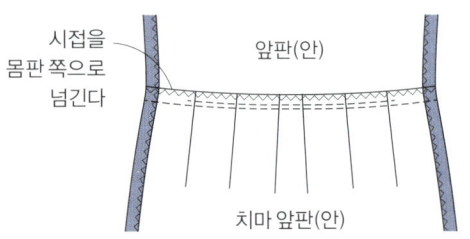

11 소매를 만든다.

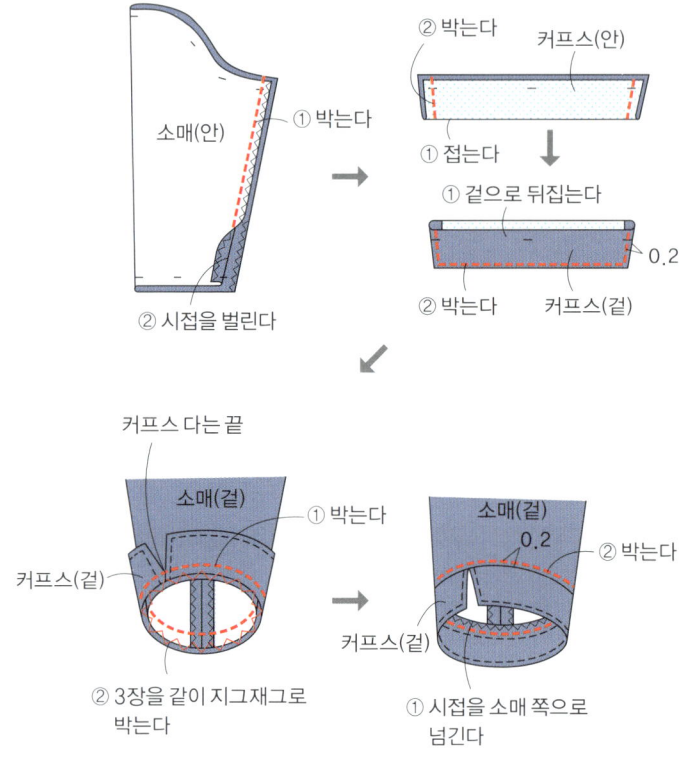

12 소매를 단다.

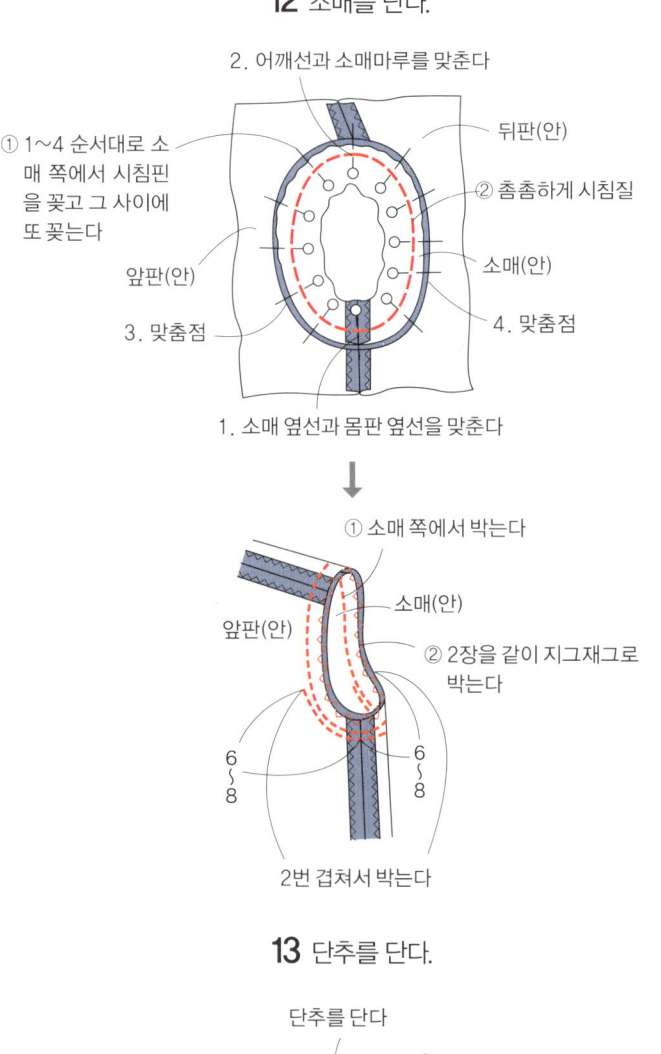

13 단추를 단다.

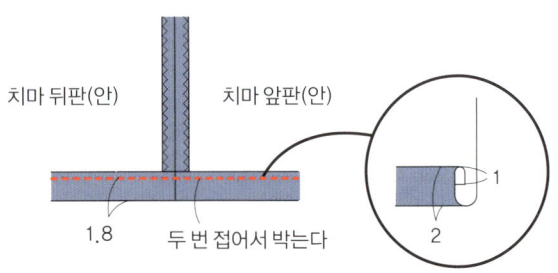

P.26 15

재료	치수	S	M	L	LL
겉감(벨기에 리넨 민무늬-리넨 100%)	110cm 폭	180cm	190cm	200cm	200cm
접착심지	112cm 폭	40cm	40cm	40cm	40cm
단추	지름 1.1cm	1개	1개	1개	1개
완성 치수	전체 길이	56cm	57.8cm	59.3cm	60.8cm
	가슴둘레	100.2cm	106.6cm	112cm	117.2cm

실물 크기 옷본

◆ 실물 크기 옷본 A면 2를 수정하여 사용합니다.

사용하는 부분 : 앞판, 뒤판, 소매, 앞쪽 안단, 뒤쪽 안단, 커프스

※ 천루프는 직접 그려서 마름질합니다.

◆ 옷본 수정하는 법
· 몸판 길이를 늘입니다.

〈옷본 · 제도〉

= 실물 크기 옷본

4단으로 적힌 숫자는
S사이즈
M사이즈
L사이즈
LL사이즈
하나만 있는 숫자는 공통

겉감을 마름질하는 법

◆ 정해진 곳 이외의 시접 치수는 1cm

= 접착심지를 붙이는 부분

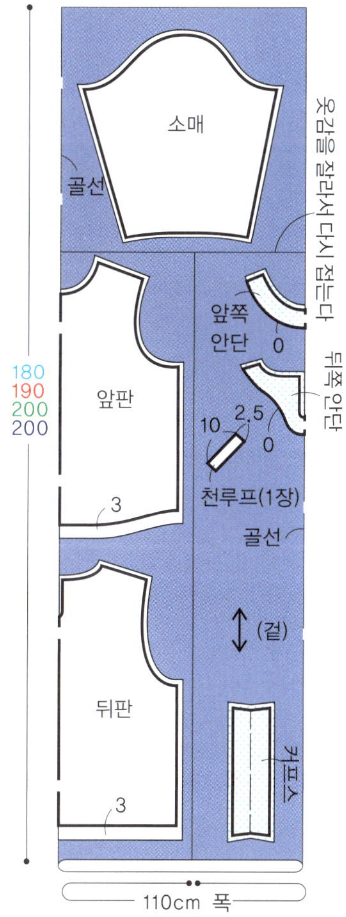

만드는 순서 * 7 이외의 만드는 법은 P.59~60 참조.

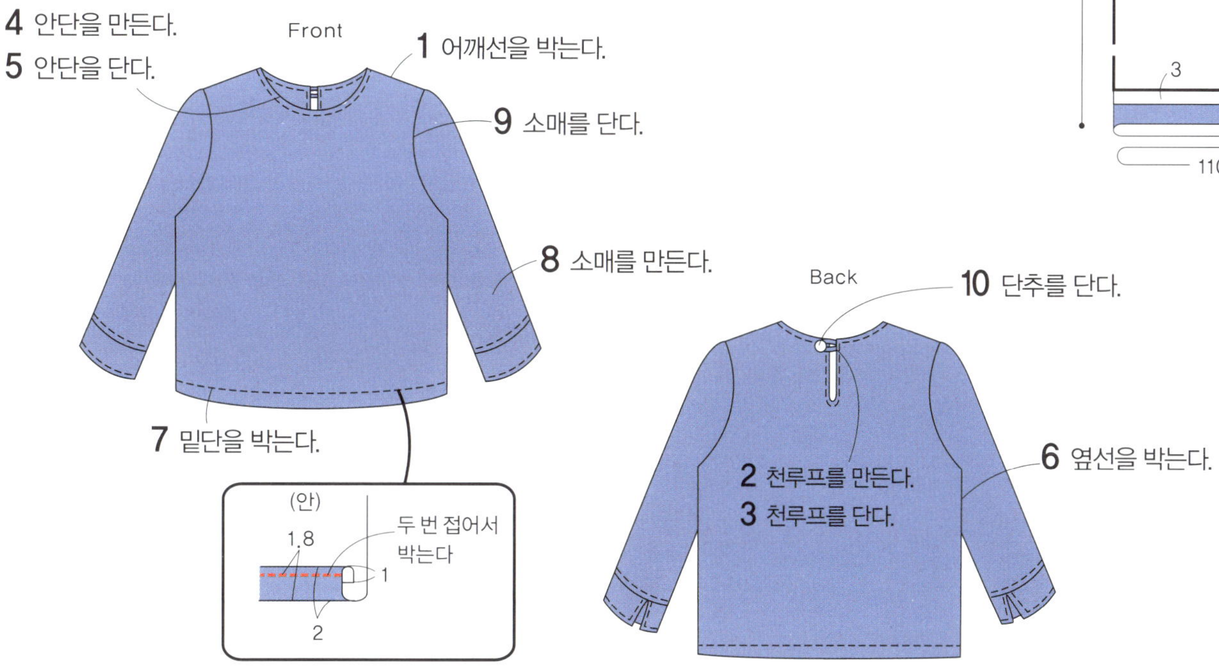

1 어깨선을 박는다.
2 천루프를 만든다.
3 천루프를 단다.
4 안단을 만든다.
5 안단을 단다.
6 옆선을 박는다.
7 밑단을 박는다.
8 소매를 만든다.
9 소매를 단다.
10 단추를 단다.

P.14 4

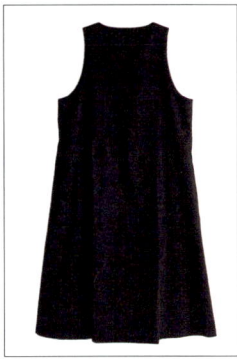

재료	치수	S	M	L	LL
No.4 겉감(핸드 워싱-면 100%)	110cm 폭	320cm	320cm	330cm	340cm
No.5 겉감(소프트 트윌 워싱 리넨-리넨 100%)	110cm 폭	320cm	320cm	330cm	330cm
접착심지	112cm 폭	50cm	50cm	50cm	50cm
완성 치수	전체 길이	109.2cm	112.5cm	115.5cm	118.4cm
	가슴둘레	98.6cm	105cm	110.2cm	115.5cm

P.14 5

실물 크기 옷본

◆ 실물 크기 옷본 B면 4를 사용합니다.
사용하는 부분 : 앞판, 뒤판, 앞쪽 안단, 뒤쪽 안단, 치마

겉감을 마름질하는 법

◆ 정해진 곳 이외의 시접 치수는 1cm

☐ = 접착심지를 붙이는 부분

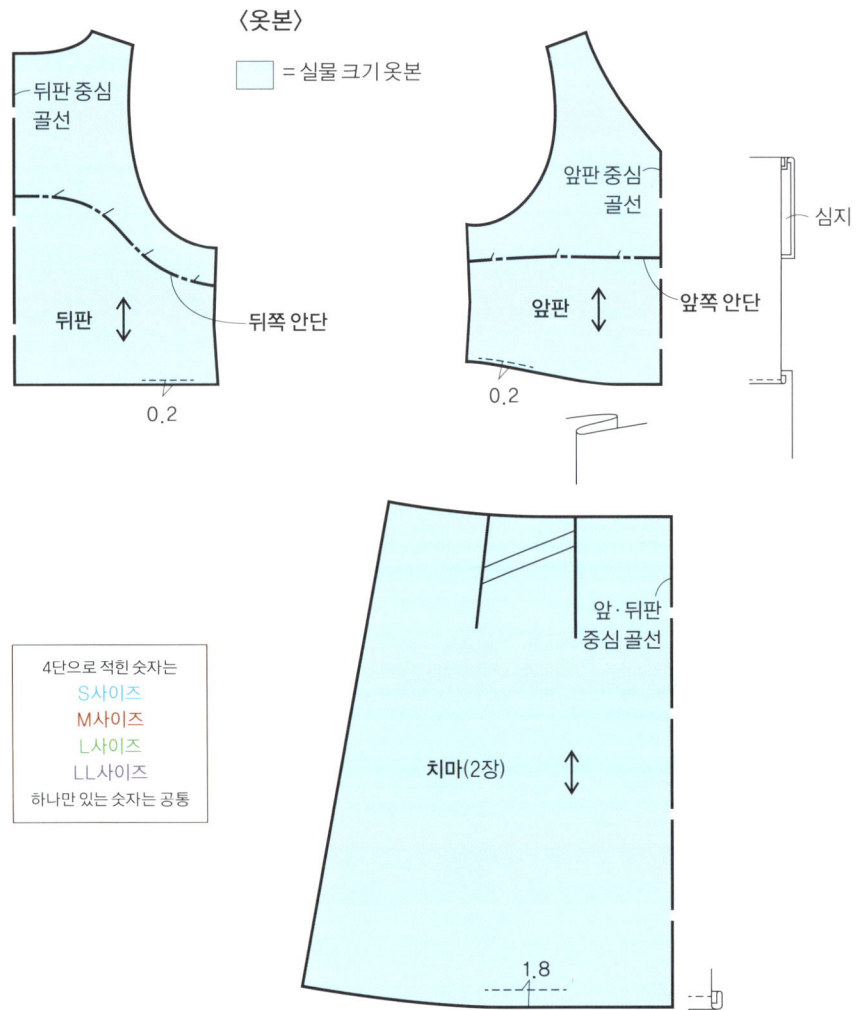

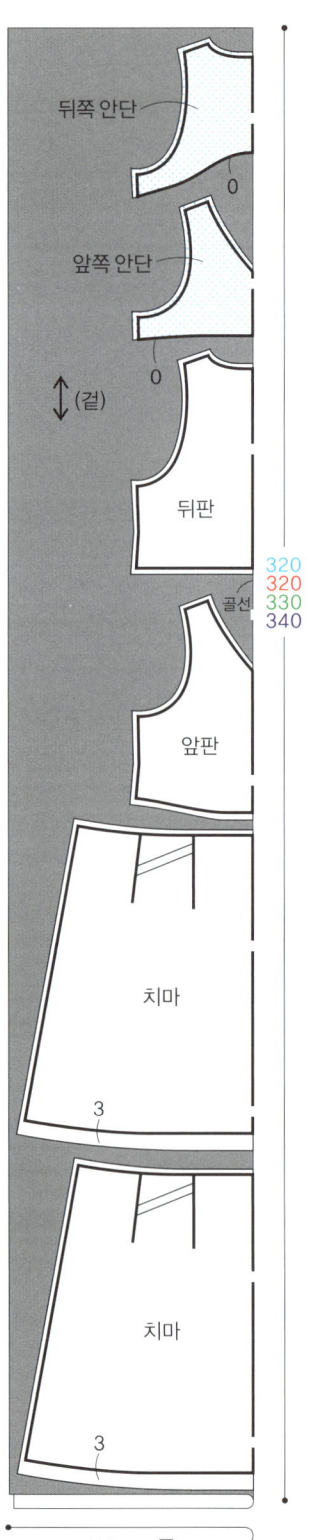

4단으로 적힌 숫자는
S사이즈
M사이즈
L사이즈
LL사이즈
하나만 있는 숫자는 공통

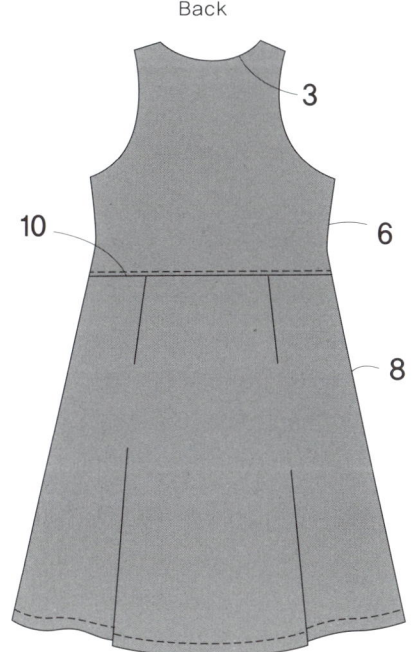
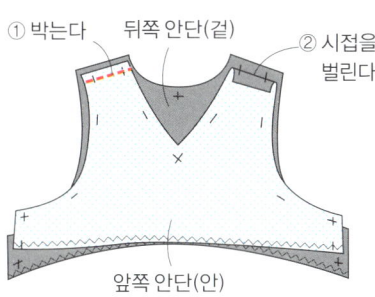
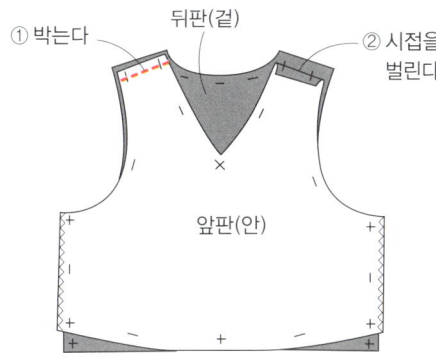
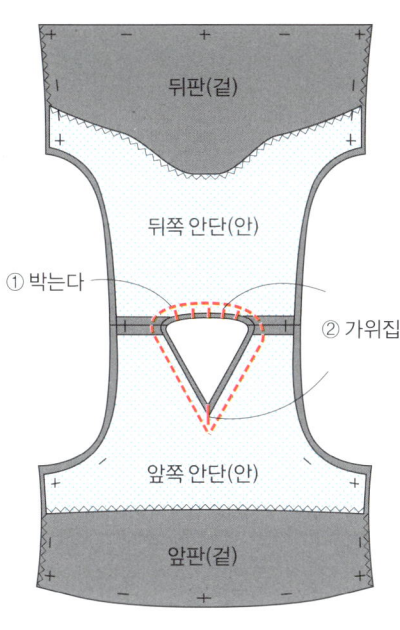
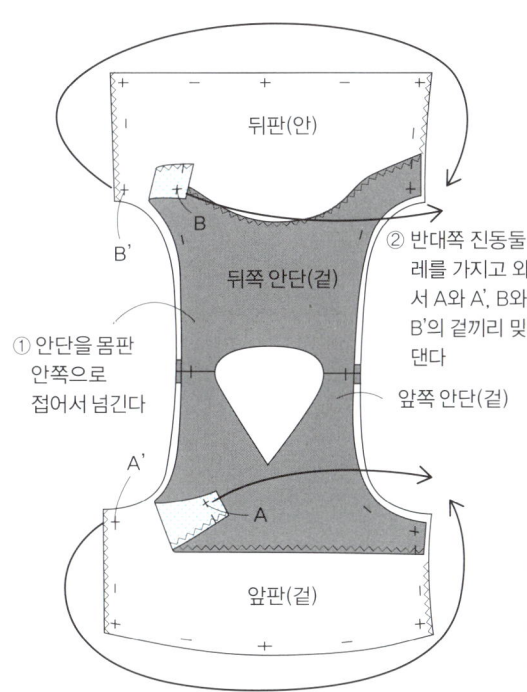
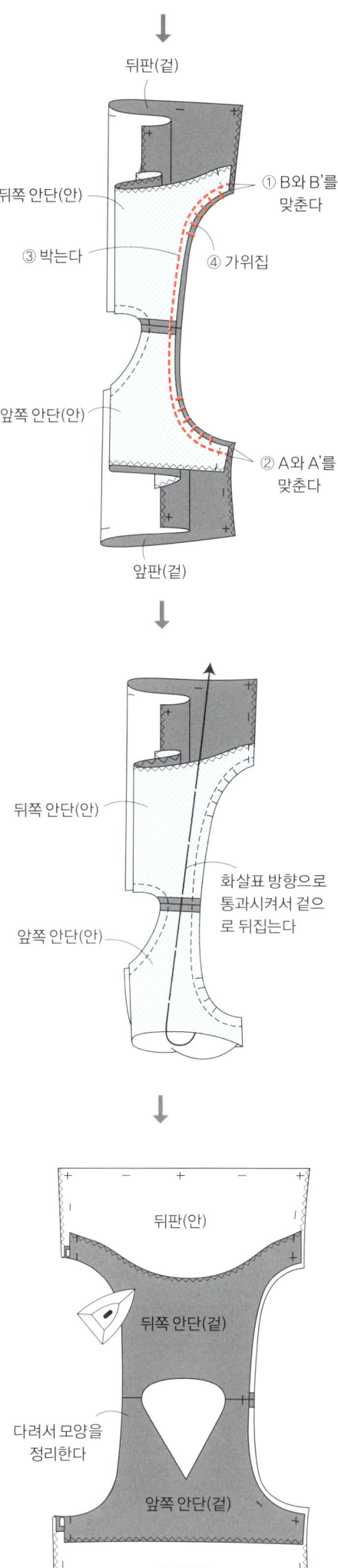

5 오른쪽 진동둘레를 박는다.

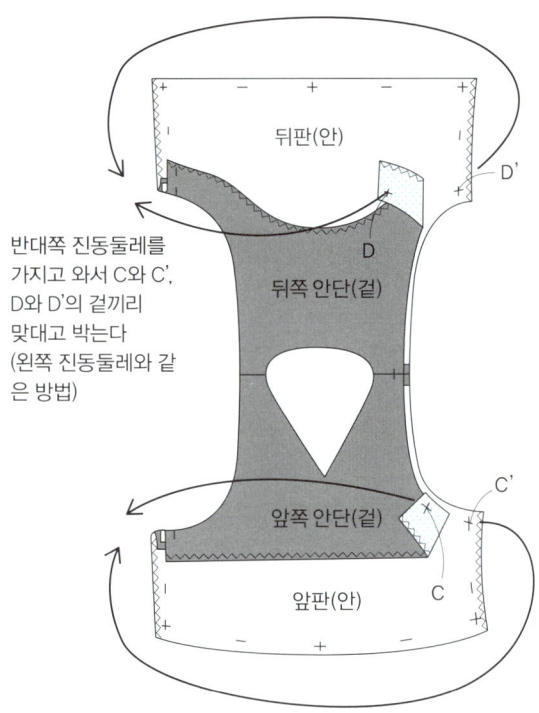

6 옆선을 박는다.

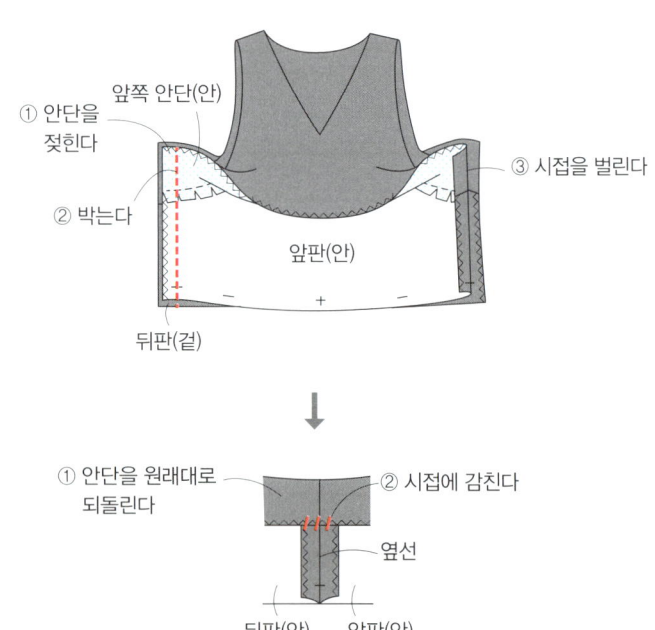

7 접박기를 한다.

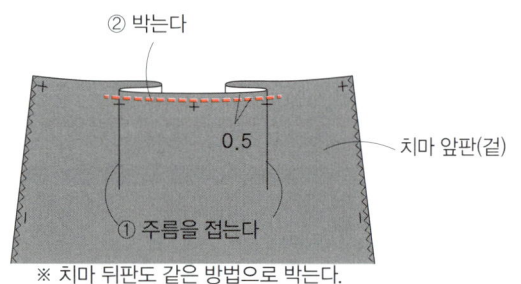

8 치마 옆선을 박는다.

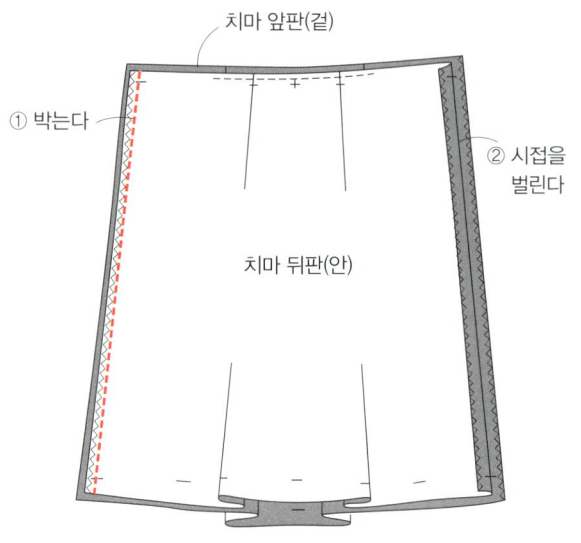

9 밑단을 박는다.

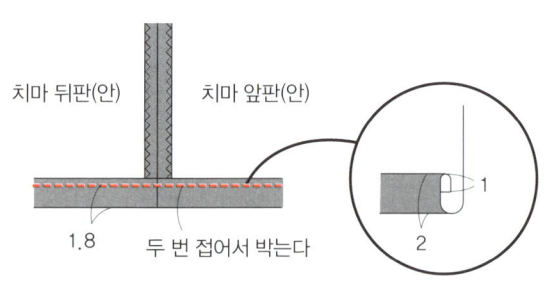

10 치마를 잇는다.

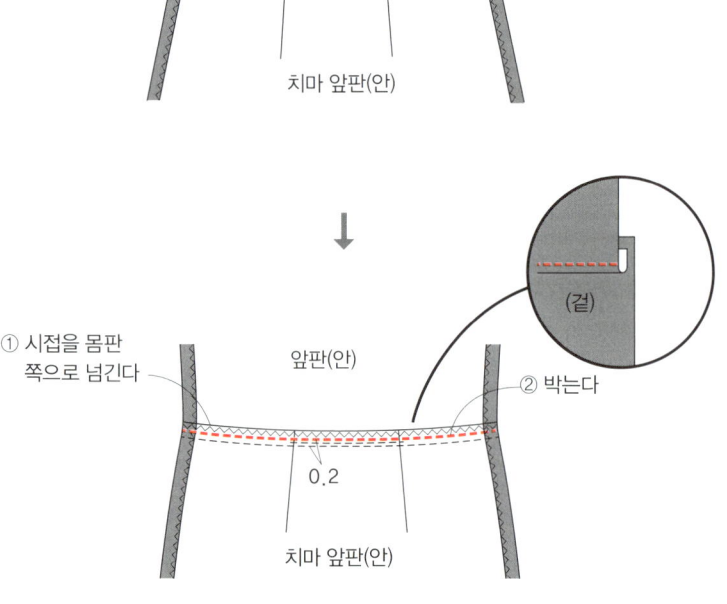

P.18 10

재료	치수	S	M	L	LL
겉감(면마 웨더클로스-면 84% 리넨 16%)	112cm 폭	200cm	210cm	220cm	230cm
배색감(핸드 워싱-면 100%)	110cm 폭	60cm	60cm	60cm	60cm
접착심지	112cm 폭	80cm	80cm	80cm	80cm
단추	지름 1.15cm	10개	10개	10개	10개
완성 치수	전체 길이(앞판 길이)	64cm	65.6cm	67.5cm	70.3cm
	가슴둘레	111.8cm	115.8cm	119.8cm	125.8cm

실물 크기 옷본

◆ 실물 크기 옷본 D면 1을 사용합니다.

사용하는 부분: 앞판, 뒤판, 소매, 바대, 받침깃, 주머니

※ 커프스는 실물 크기 옷본이 없으므로 각자 제도하여 사용합니다.

〈옷본 · 제도〉 = 실물 크기 옷본

4단으로 적힌 숫자는
S사이즈
M사이즈
L사이즈
LL사이즈
하나만 있는 숫자는 공통

배색감을 마름질하는 법

◆ 정해진 곳 이외의 시접 치수는 1cm

= 접착심지를 붙이는 부분

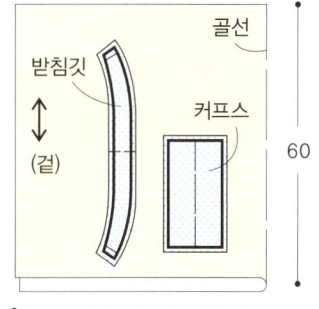

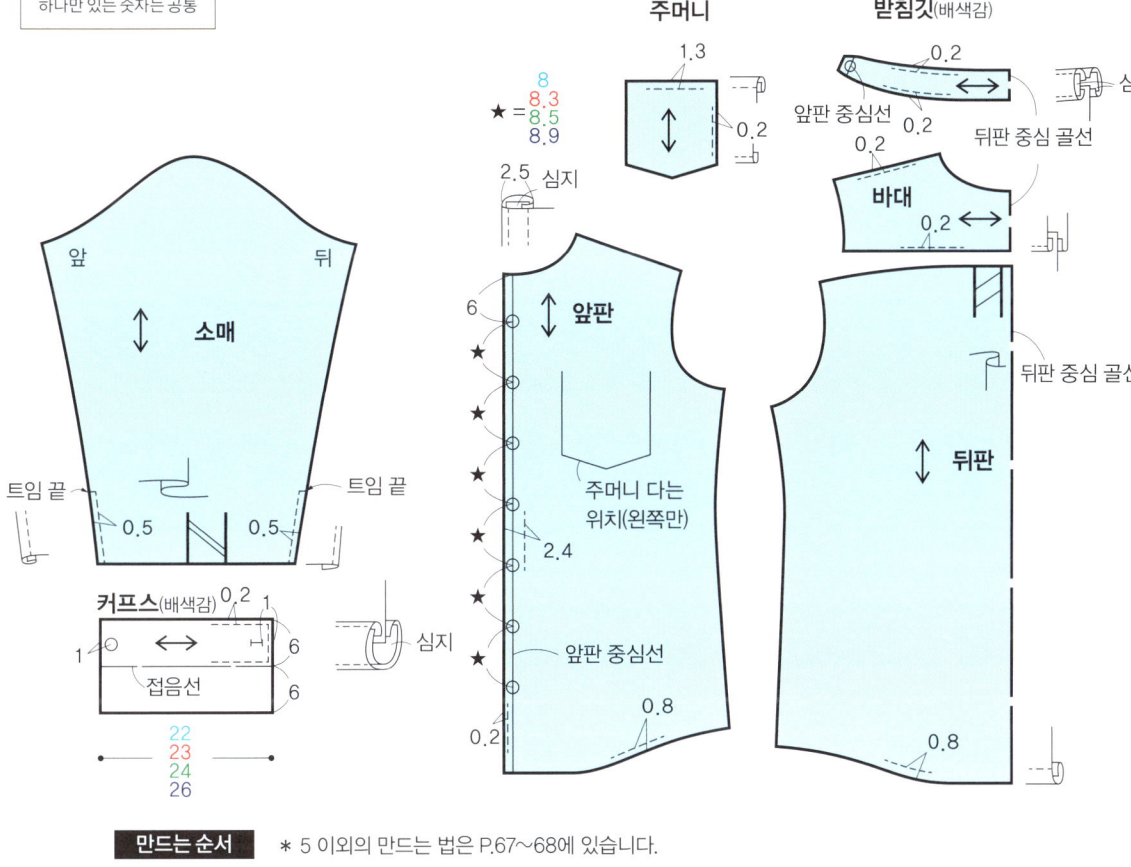

만드는 순서

* 5 이외의 만드는 법은 P.67~68에 있습니다.

만드는 법

* 준비 작업: 받침깃, 앞판 끝선, 커프스에 접착심지를 붙인다. 마름질하여 몸판 옆선, 소매 옆선 가장자리를 지그재그로 박는다.

5 옷깃을 만든다.

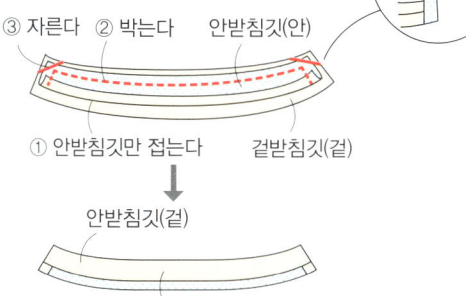

P.12 **1**

P.16 **6**

P.26 **14**

P.28 **17**

재료	치수	S	M	L	LL
No.1 겉감 (리넨 혼방-면 67% 리넨 33%)	112cm 폭	240cm	250cm	260cm	270cm
No.6・14 겉감 (깅엄체크-면 100%)	108cm 폭	240cm	250cm	260cm	270cm
No.17 겉감 (소프트 브로드클로스 프린트-면 100%)	110cm 폭	240cm	250cm	260cm	270cm
접착심지	112cm 폭	70cm	70cm	80cm	80cm
단추	지름 1.15cm	10개	10개	10개	10개
완성 치수	전체 길이(앞판 길이)	64cm	65.6cm	67.5cm	70.3cm
	가슴둘레	111.8cm	115.8cm	119.8cm	125.8cm

실물 크기 옷본

◆ 실물 크기 옷본 D면 1을 사용합니다.

사용하는 부분 : 앞판, 뒤판, 소매, 주머니, 바대, 위쪽 깃, 받침깃

※ 커프스는 실물 크기 옷본이 없으므로 각자 제도하여 사용합니다.

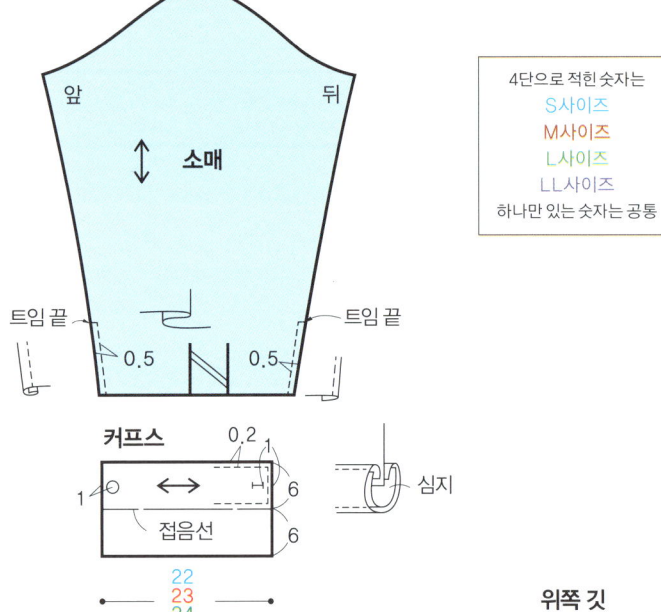

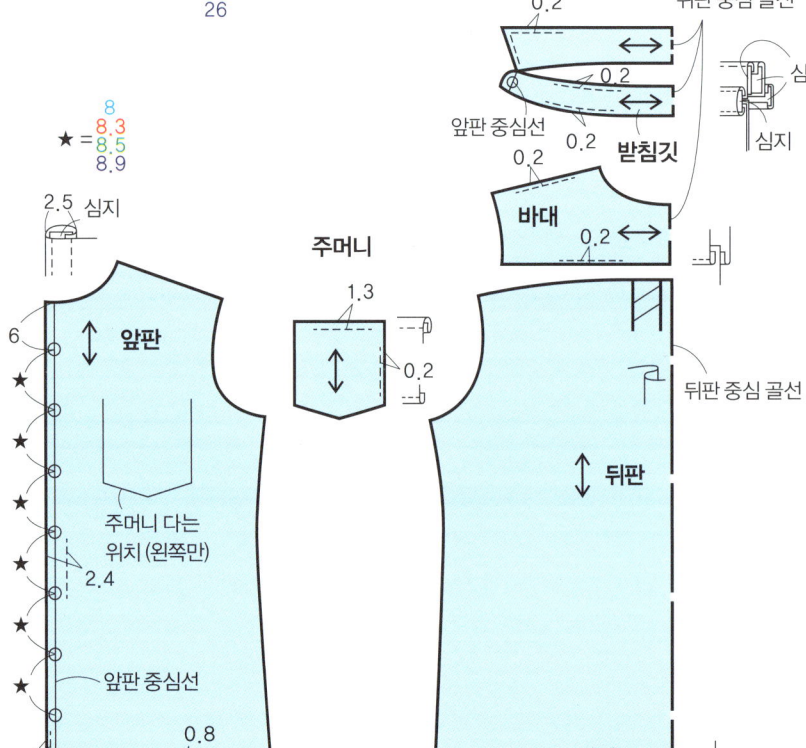

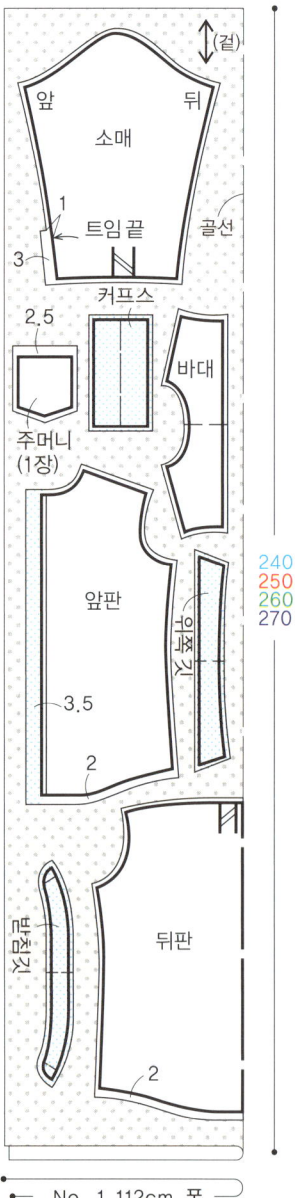

만드는 순서

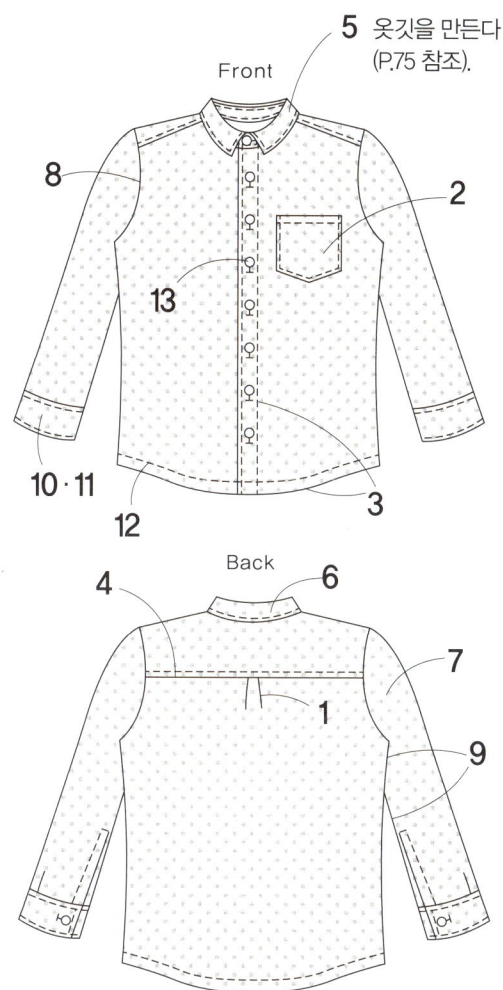

5 옷깃을 만든다 (P.75 참조).

만드는 법

* 준비 작업 : 위쪽 깃, 받침깃, 앞판 끝선, 커프스에 접착심지를 붙인다. 마름질하여 몸판 옆선, 소매 옆선 가장자리를 지그재그로 박는다.

1 접박기를 한다.

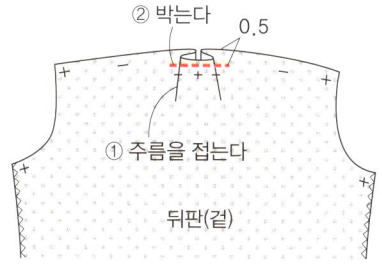

2 주머니를 만들어서 단다.

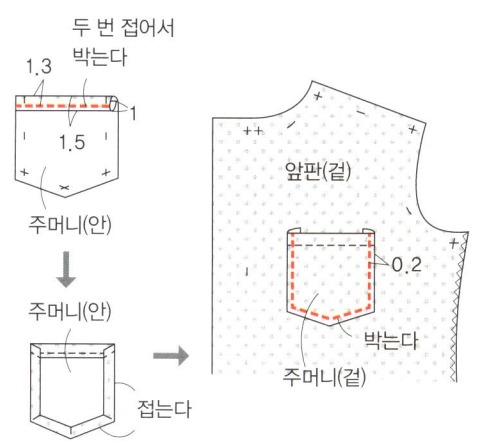

3 앞판 끝선을 박고 밑단을 접는다.

4 바대를 단다.

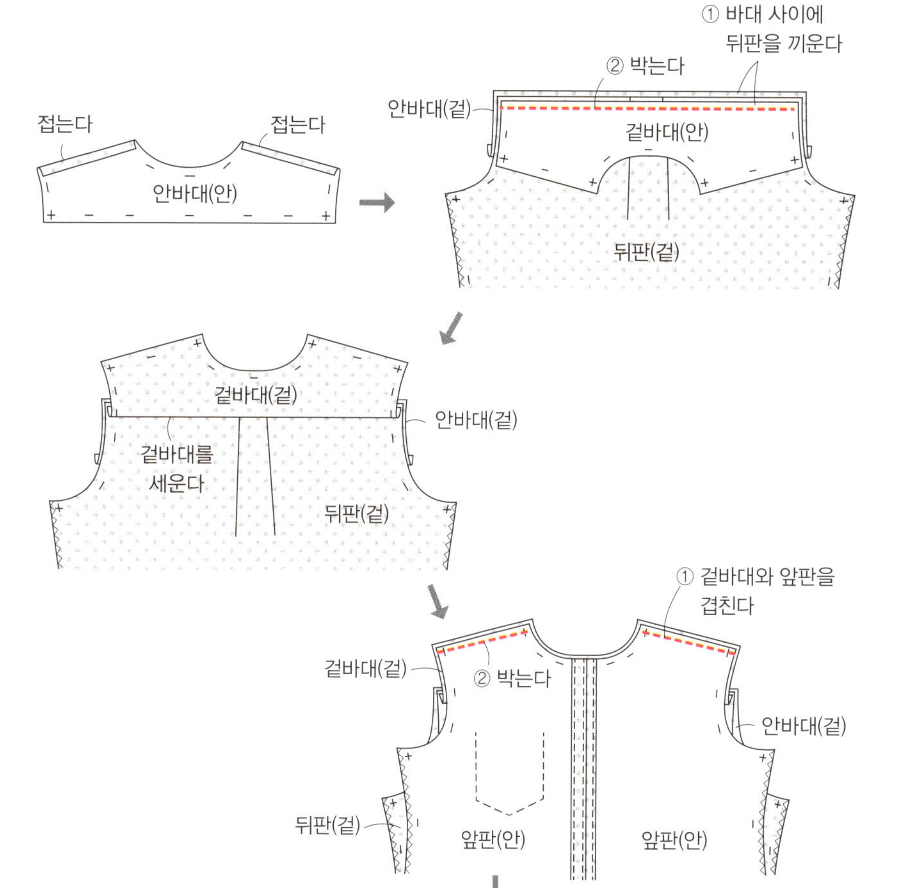

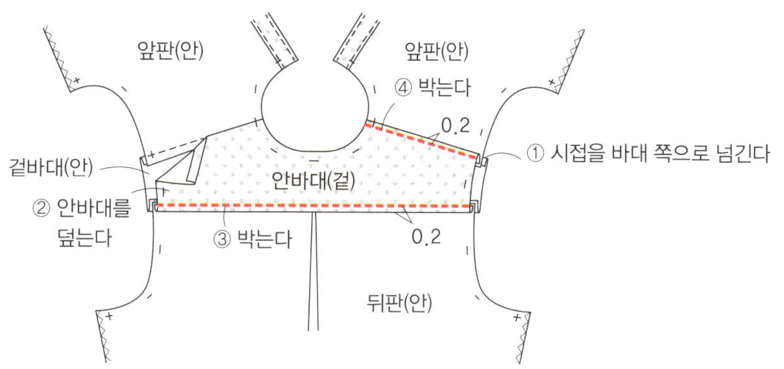

6 옷깃을 단다.

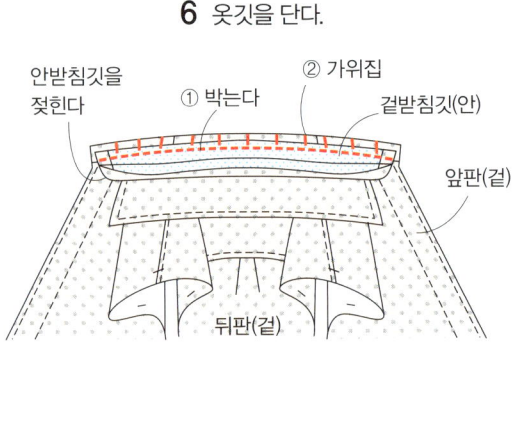

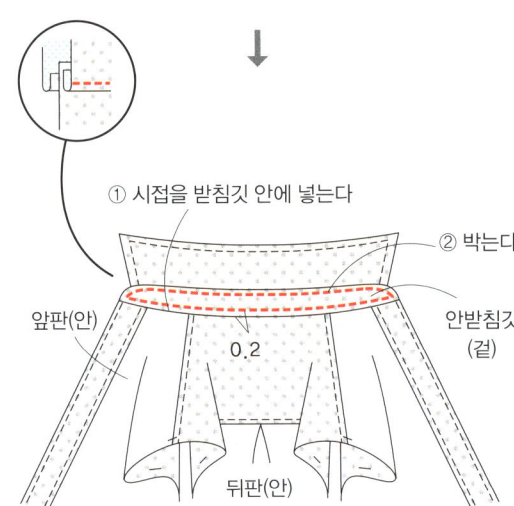

7 소매를 만든다.

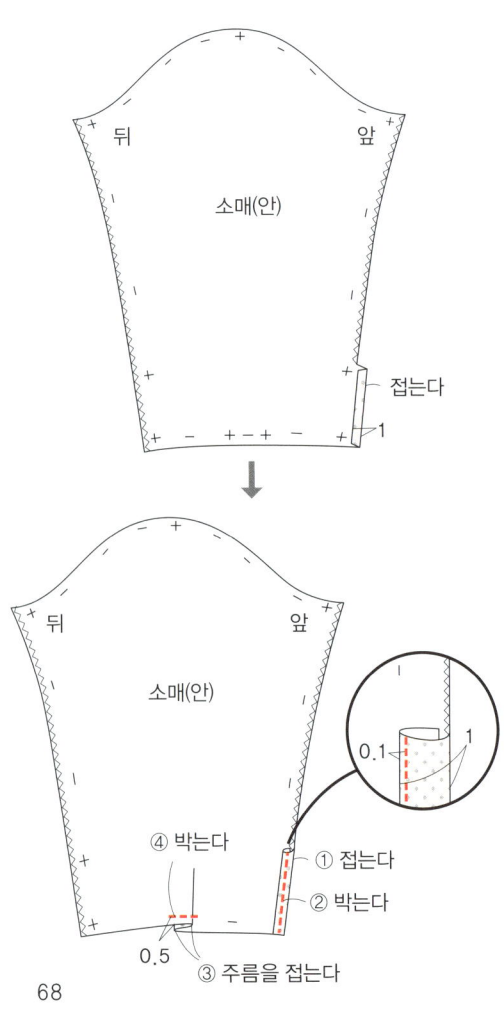

8 소매를 단다.

9 소매 옆선, 몸판 옆선을 박는다.

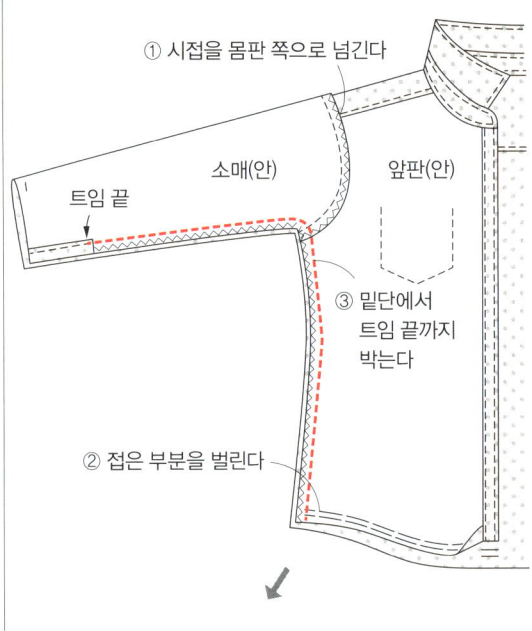

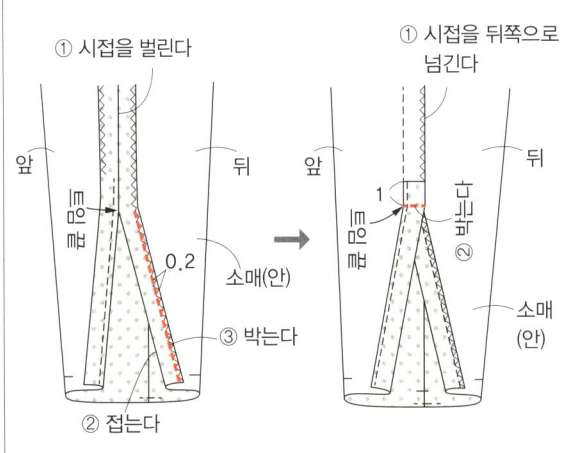

10 커프스를 만든다.

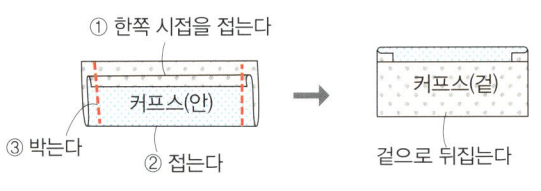

11 커프스를 단다.

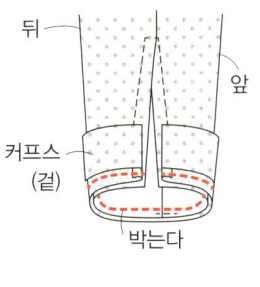

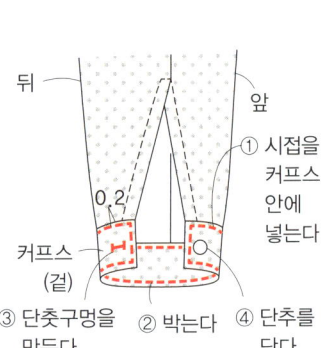

12 밑단을 박는다.

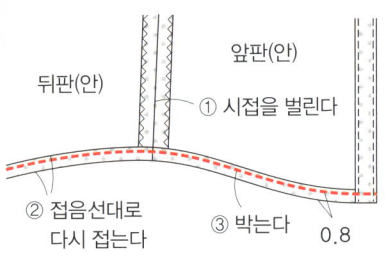

13 단춧구멍을 만들고 단추를 단다.

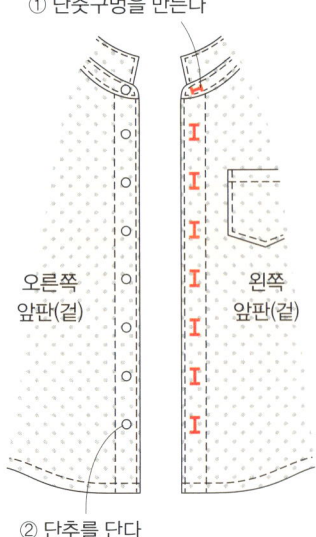

P.47 35

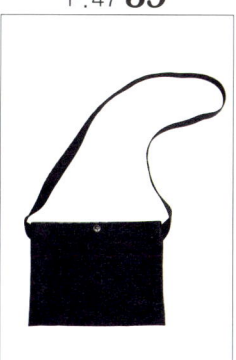

재료		
겉감(캔버스-면 100%)	110cm 폭	30cm
안감(면마 웨더클로스-면 100%)	112cm 폭	30cm
테이프	2.5cm 폭	110cm
플라스틱 T단추(금속조)	지름 1.4cm	1쌍

실물 크기 옷본

◆ 실물 크기 옷본은 없습니다.

※ 실물 크기 옷본이 없으므로 각자 제도하여 사용합니다.

만드는 법

〈제도〉

어깨끈 (테이프 1장)

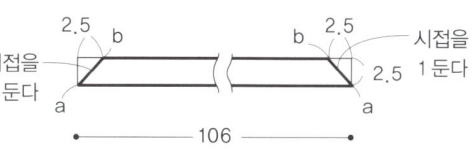

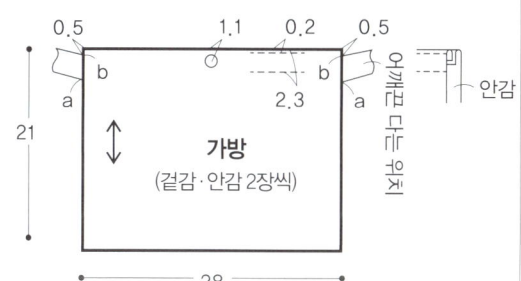

가방 (겉감·안감 2장씩) 21 × 28

겉감·안감을 마름질하는 법

◆ 시접 치수는 1cm

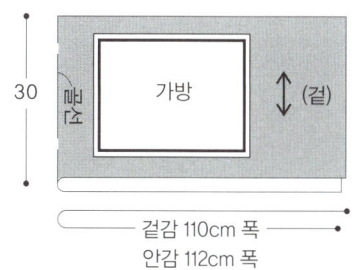

겉감 110cm 폭
안감 112cm 폭

1 어깨끈을 단다.

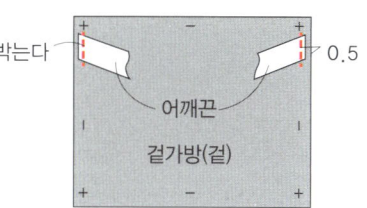

2 가방을 박는다.

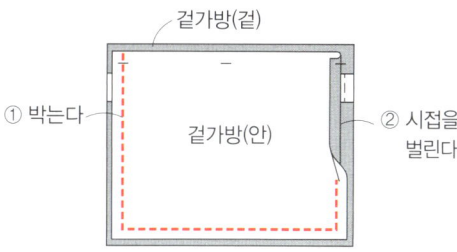

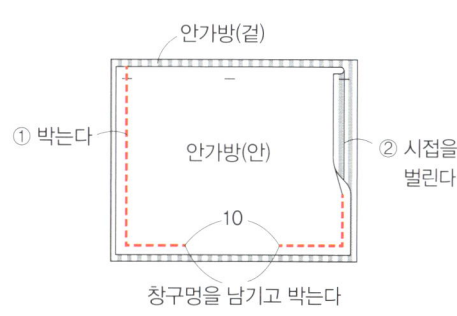

창구멍을 남기고 박는다

3 겉가방과 안가방을 박아서 잇는다.

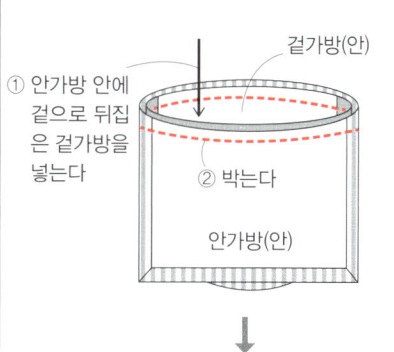

4 T단추를 단다.

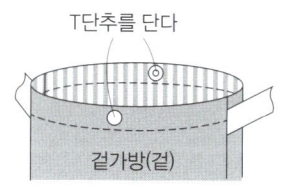

5 완성

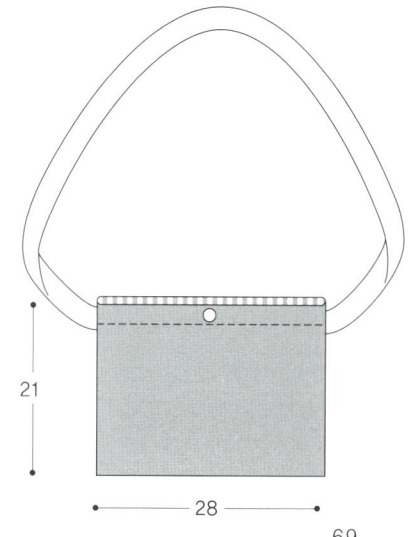

P.16 7

재료	치수	S	M	L	LL
No.7 겉감(벨기에 리넨 민무늬-리넨 100%)	110cm 폭	290cm	300cm	310cm	320cm
No.8 겉감(셔팅 프린트-면 100%)	110cm 폭	290cm	300cm	310cm	320cm
No.9 겉감(셔팅 프린트-면 100%)	110cm 폭	290cm	300cm	310cm	320cm
접착심지	112cm 폭	50cm	50cm	50cm	50cm
단추	지름 1cm	1개	1개	1개	1개
No.8 D링	안지름 1.5cm	2개	2개	2개	2개
완성 치수	전체 길이	110cm	113.5cm	116.5cm	119.5cm
	가슴둘레	97cm	103cm	108.6cm	113.8cm

P.17 8

■ 실물 크기 옷본

◆ 실물 크기 옷본 C면 7을 사용합니다.

사용하는 부분 : 앞판, 뒤판, 아래 뒤판, 소매, 옷깃

※ No.8 허릿단은 실물 크기 옷본이 없으므로 각자 제도하여 사용합니다.

※ 천루프는 옷감에 직접 그려서 마름질합니다.

P.17 9

■ 겉감을 마름질하는 법

◆ 정해진 곳 이외의 시접 치수는 1cm

▨ = 접착심지를 붙이는 부분

〈옷본·제도〉 ▨ = 실물 크기 옷본

4단으로 적힌 숫자는
S사이즈
M사이즈
L사이즈
LL사이즈
하나만 있는 숫자는 공통

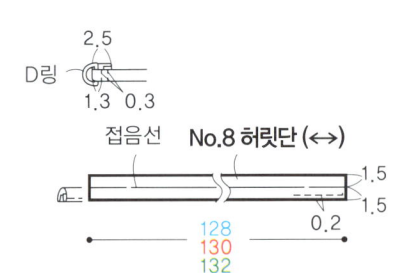

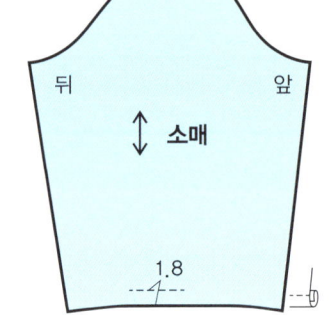

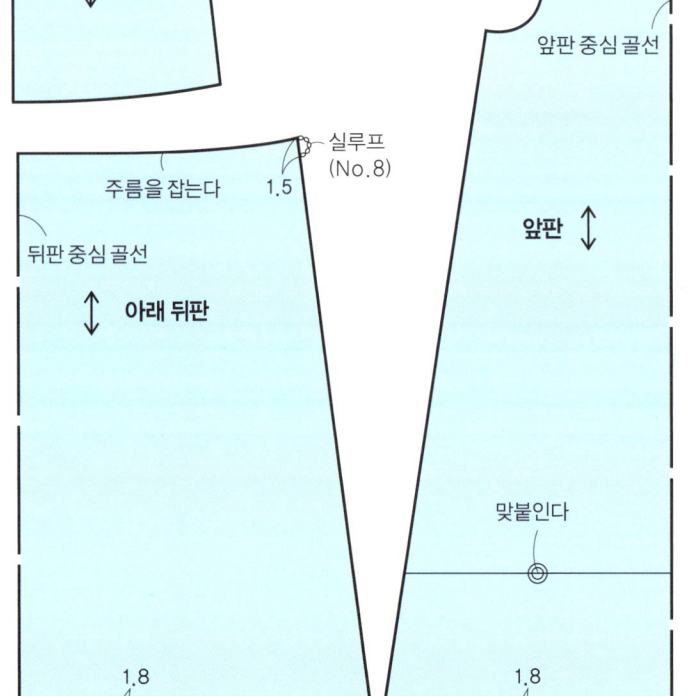

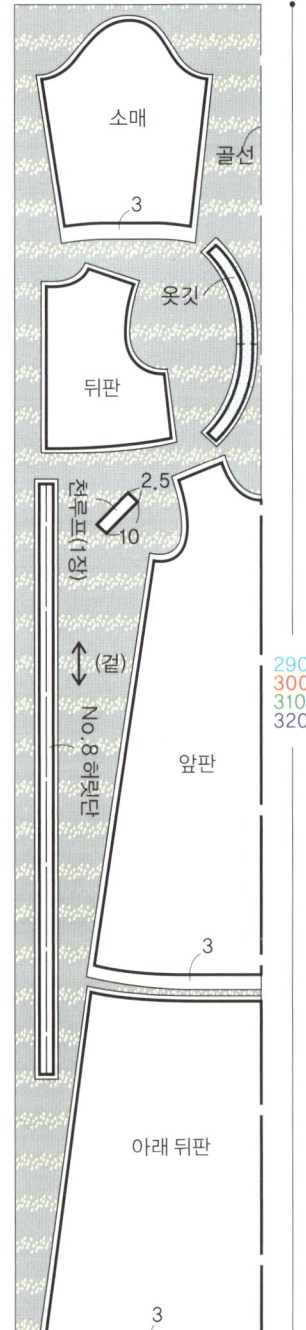

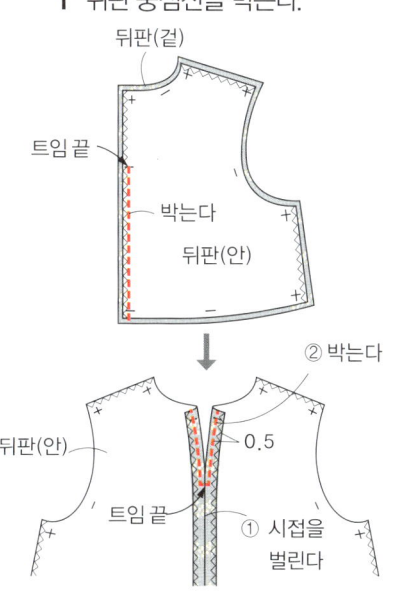
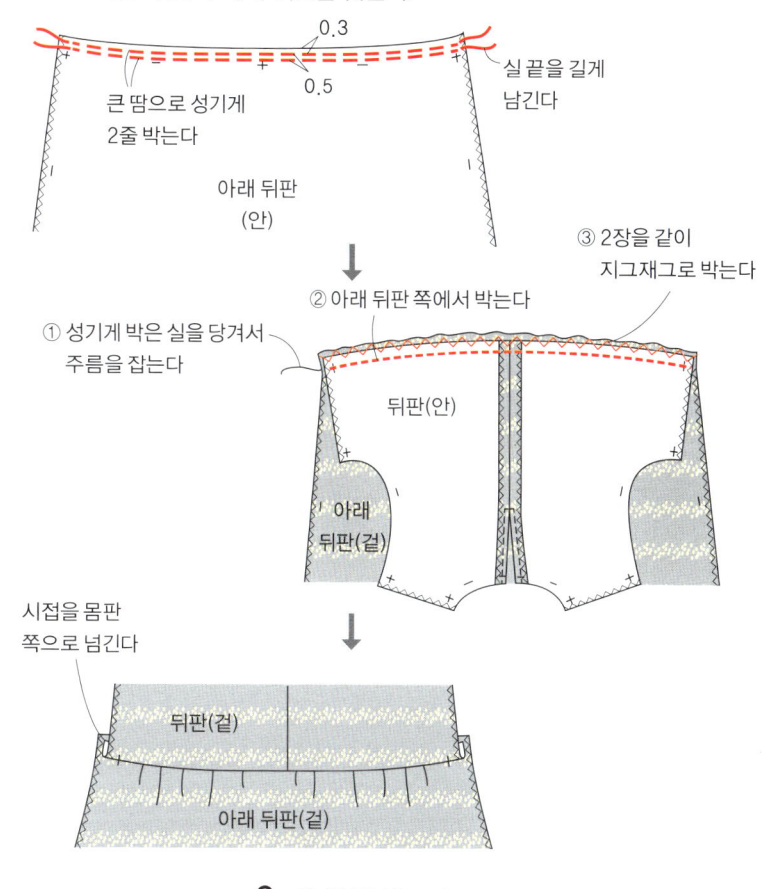
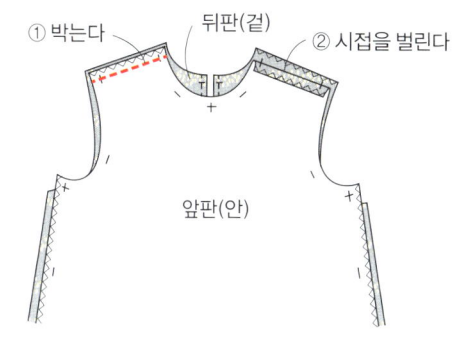
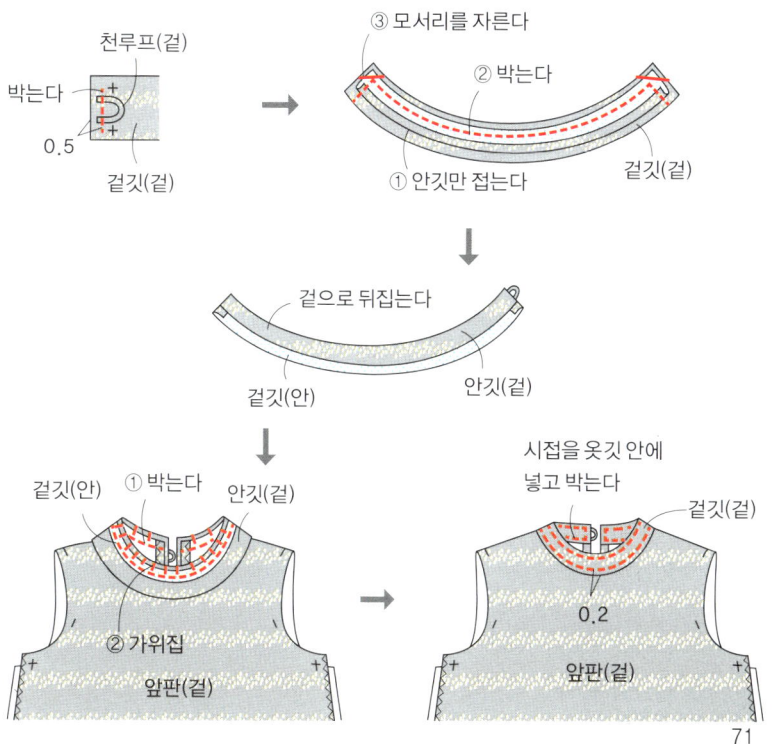

6 옆선을 박는다.

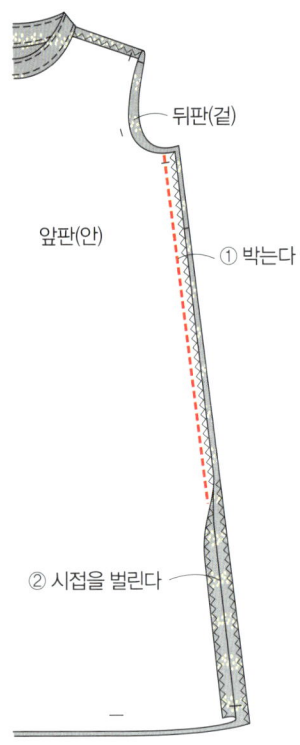

7 밑단을 박는다.

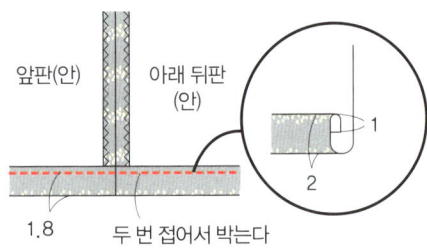

8 소매를 만든다.

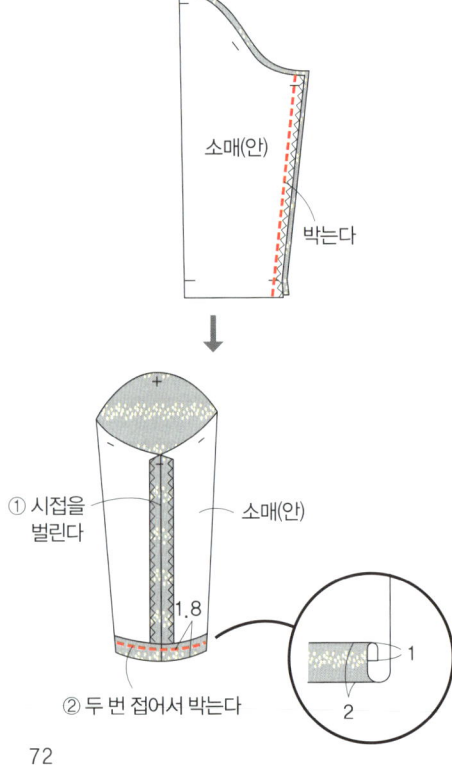

9 소매를 단다.

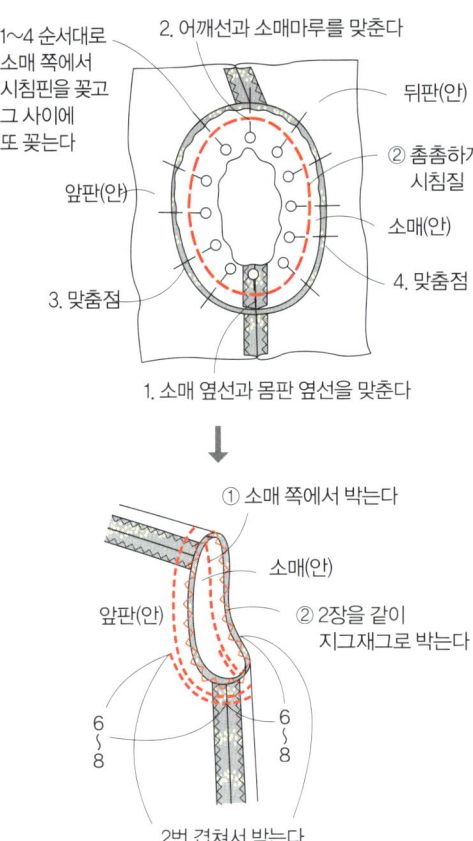

10 허릿단을 만든다.

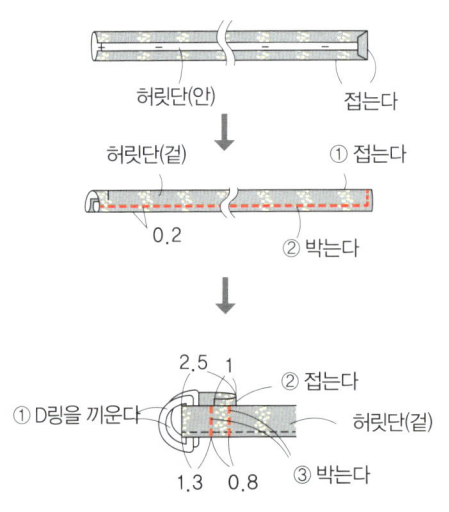

11 실루프를 단다.

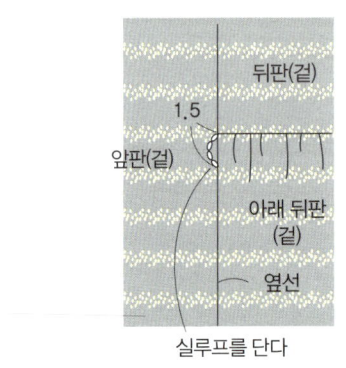

〈실루프 다는 법〉

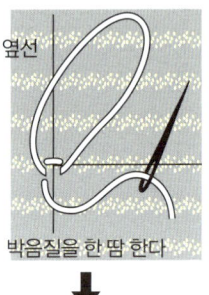

박음질을 한 땀 한다

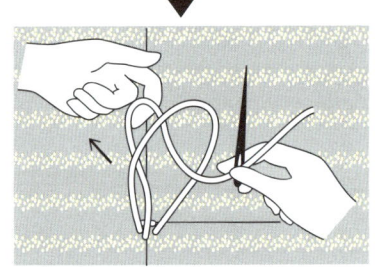

고리 안에서 실을 끌어내고, 늘어진 실이 없어질 때까지 왼손을 당긴다(사슬뜨기).

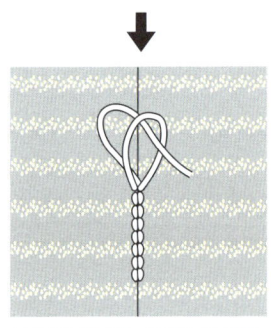

사슬뜨기를 하는 요령으로 필요한 길이가 될 때까지 위 과정을 되풀이한다.

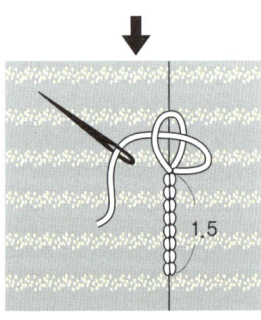

마지막에는 고리 안으로 바늘을 통과시켜서 단단하게 고정한다.

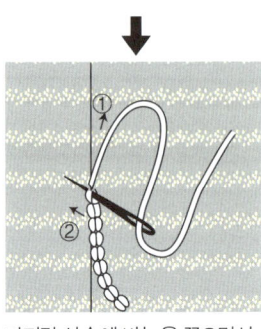

마지막 사슬에 바늘을 꽂으면서 옆선에 고정한다.

P.20 **12**

재료	치수	S	M	L	LL
No.12 겉감(리버티프린트 타나 론-면 100%)	110cm 폭	280cm	290cm	300cm	310cm
No.13 겉감(벨기에 리넨 민무늬-리넨 100%)	110cm 폭	280cm	290cm	300cm	310cm
접착심지	112cm 폭	80cm	80cm	90cm	90cm
단추	지름 1.1cm	12개	12개	12개	12개
완성 치수	전체 길이	107.9cm	111.3cm	114.1cm	116.9cm
	가슴둘레	101.5cm	108cm	113.6cm	118.8cm

실물 크기 옷본

◆ 실물 크기 옷본 B면 12를 사용합니다.

사용하는 부분 : 앞판, 뒤판, 소매, 위쪽 깃, 받침깃

※ 치마는 실물 크기 옷본이 없으므로 각자 제도하여 사용합니다.

P.21 **13**

〈옷본 · 제도〉

= 실물 크기 옷본

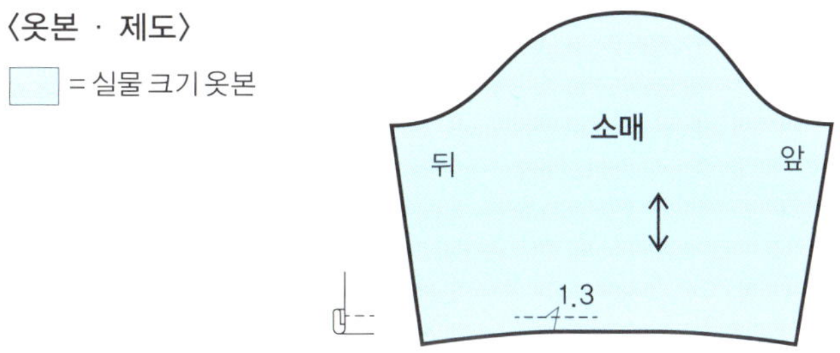

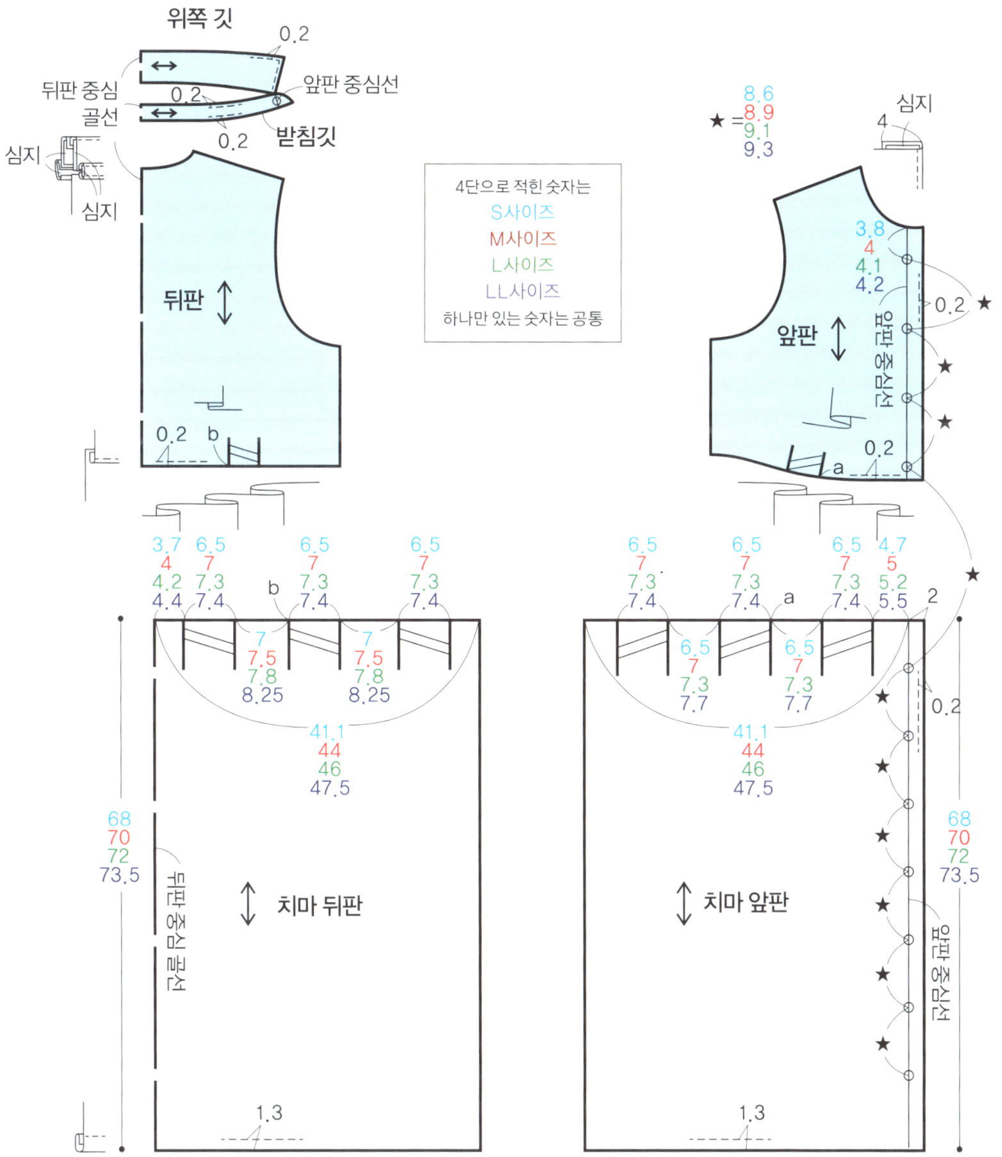

겉감을 마름질하는 법

◆ 정해진 곳 이외의 시접 치수는 1cm

= 접착심지를 붙이는 부분

4단으로 적힌 숫자는
S사이즈
M사이즈
L사이즈
LL사이즈
하나만 있는 숫자는 공통

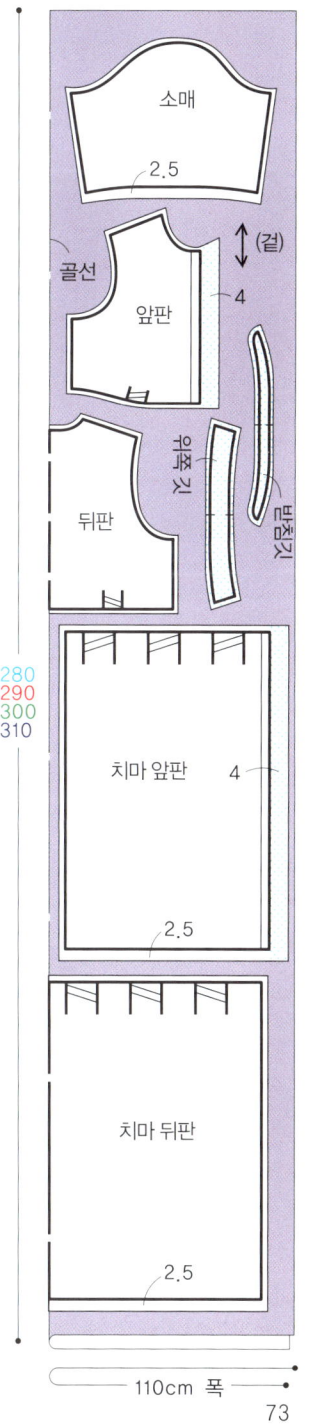

만드는 순서

만드는 법

* 준비 작업 : 앞판 끝선, 받침깃, 위쪽 깃에 접착심지를 붙인다. 마름질하여 몸판 옆선, 어깨선, 소매 옆선, 앞판 끝선 가장자리를 지그재그로 박는다.

1 접박기를 한다.

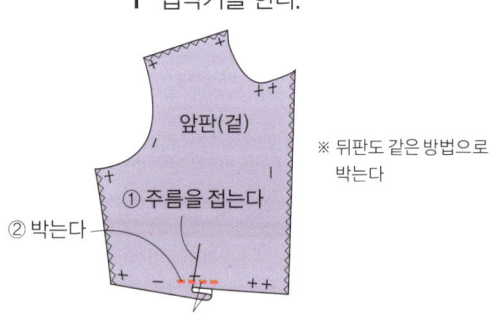

2 어깨선, 옆선을 박는다.

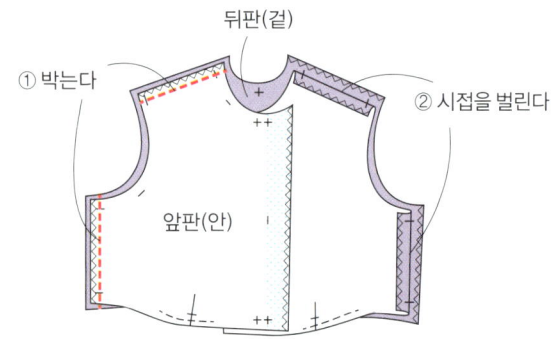

3 치마를 만든다.

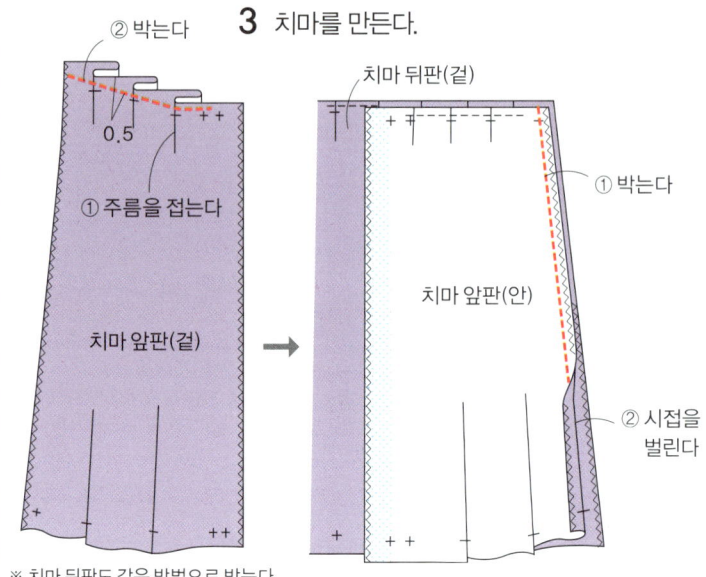

※ 치마 뒤판도 같은 방법으로 박는다

4 치마를 잇는다.

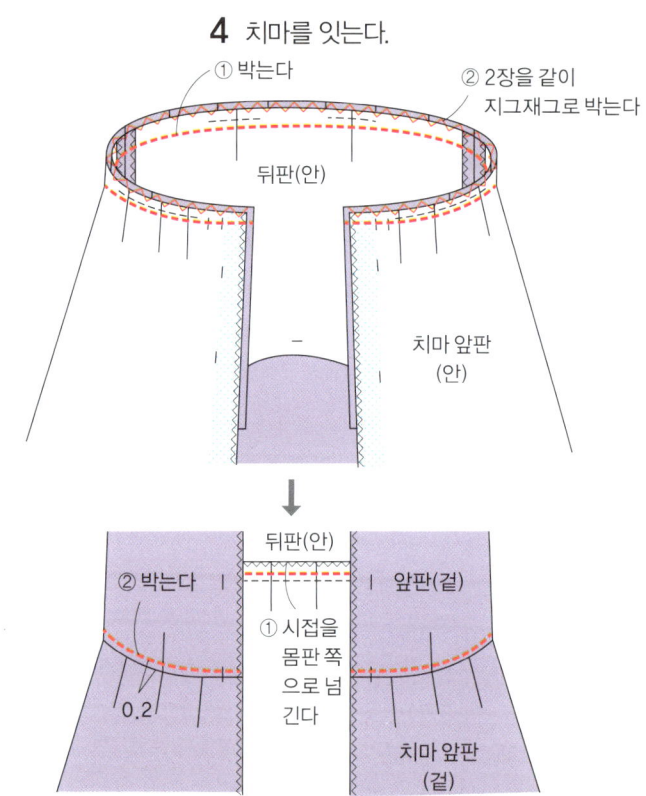

5 앞판 끝선, 밑단을 박는다.

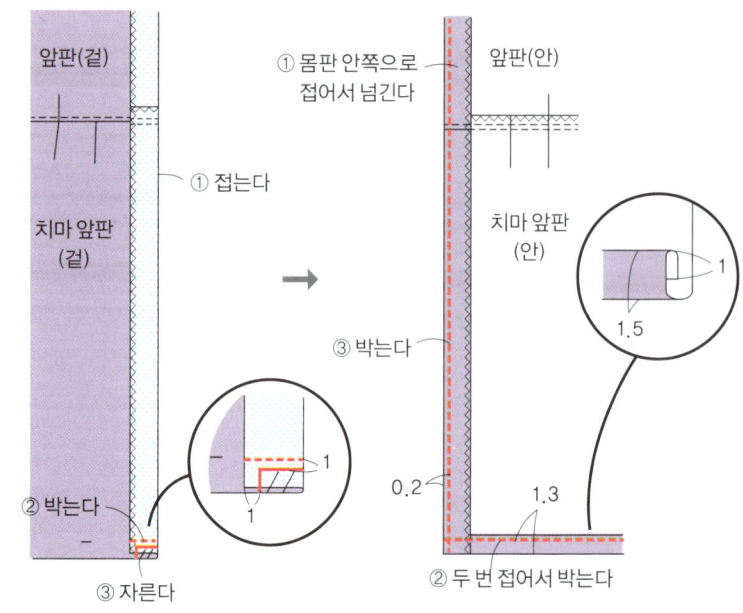

6 옷깃을 만든다.

① 박는다
② 모서리를 자른다
위쪽 깃(겉)
③ 시접을 접는다
위쪽 깃(안)

위쪽 깃(겉)
0.2
② 박는다
① 겉으로 뒤집는다

안받침깃(안)
접는다

① 위쪽 깃을 끼운다
② 박는다
③ 가위집
④ 시접을 접는다
겉받침깃(겉)
안받침깃(안)
위쪽 깃(겉)

위쪽 깃(겉)
겉쪽으로 접어서 넘긴다
안깃(겉)

※ No.11은 위쪽 깃을 끼우지 않고 만든다

7 옷깃을 단다.

① 박는다
② 가위집
겉받침깃(안)
안받침깃을 젖힌다
앞판(겉)
뒤판(겉)

① 시접을 받침깃 안에 넣는다
② 박는다
안받침깃(겉)
0.2
앞판(안)
뒤판(안)

8 소매를 만든다.

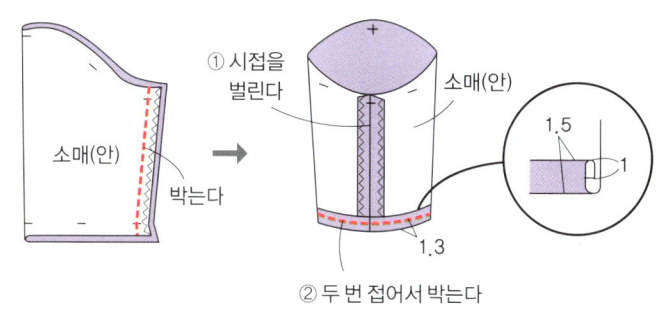

9 소매를 단다.

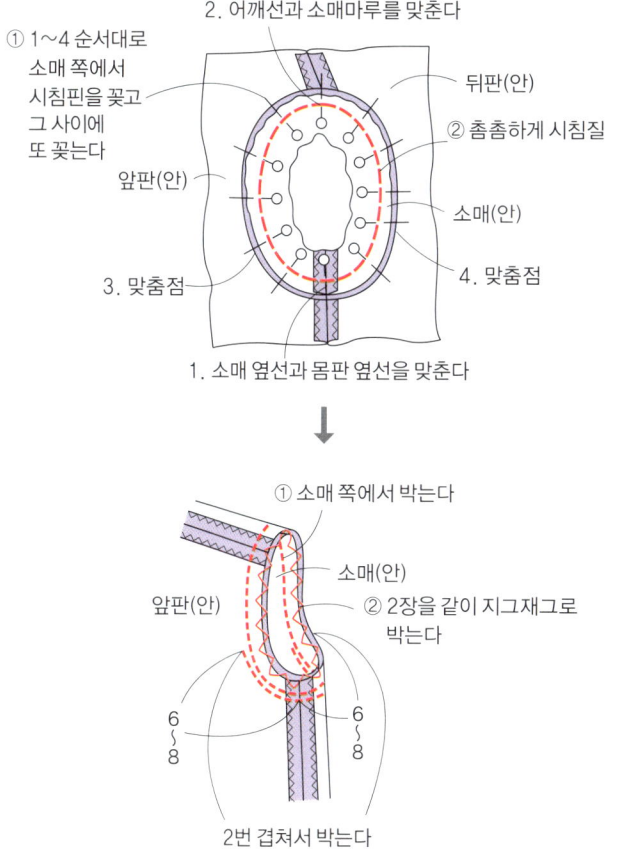

10 단춧구멍을 만들고 단추를 단다.

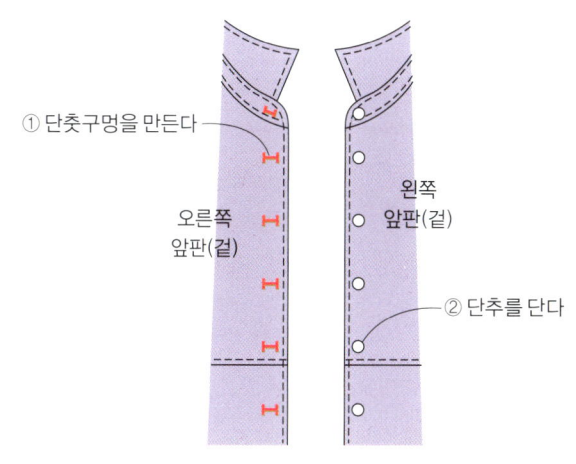

P.18 11

재료	치수	S	M	L	LL
겉감(면마 웨더클로스-면84% 리넨16%)	112cm 폭	320cm	320cm	340cm	350cm
배색감(핸드 워싱-면 100%)	110cm 폭	50cm	50cm	50cm	50cm
접착심지	112cm 폭	80cm	80cm	90cm	90cm
단추	지름 1.1cm	12개	12개	12개	12개
완성 치수	전체 길이	107.9cm	111.3cm	114.1cm	116.9cm
	가슴둘레	101.5cm	108cm	113.6cm	118.8cm

실물 크기 옷본

◆ 실물 크기 옷본 B면 11을 사용합니다.

사용하는 부분 : 앞판, 뒤판, 소매, 받침깃

※ 치마, 커프스는 실물 크기 옷본이 없으므로 각자 제도하여 사용합니다.

배색감을 마름질하는 법

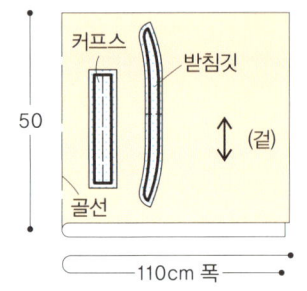

〈옷본 · 제도〉 = 실물 크기 옷본

4단으로 적힌 숫자는
S사이즈
M사이즈
L사이즈
LL사이즈
하나만 있는 숫자는 공통

겉감을 마름질하는 법

◆ 정해진 곳 이외의 시접 치수는 1cm

= 접착심지를 붙이는 부분

만드는 순서 ＊2·3·7 이외의 만드는 법은 P.74~75에 있습니다.

만드는 법 ＊준비 작업 : 앞판 끝선, 받침깃, 커프스에 접착심지를 붙인다. 마름질하여 몸판 옆선, 어깨선, 소매 옆선, 앞판 끝선 가장자리를 지그재그로 박는다.

2 치마를 만든다.

3 치마를 단다.

7 소매를 만든다.

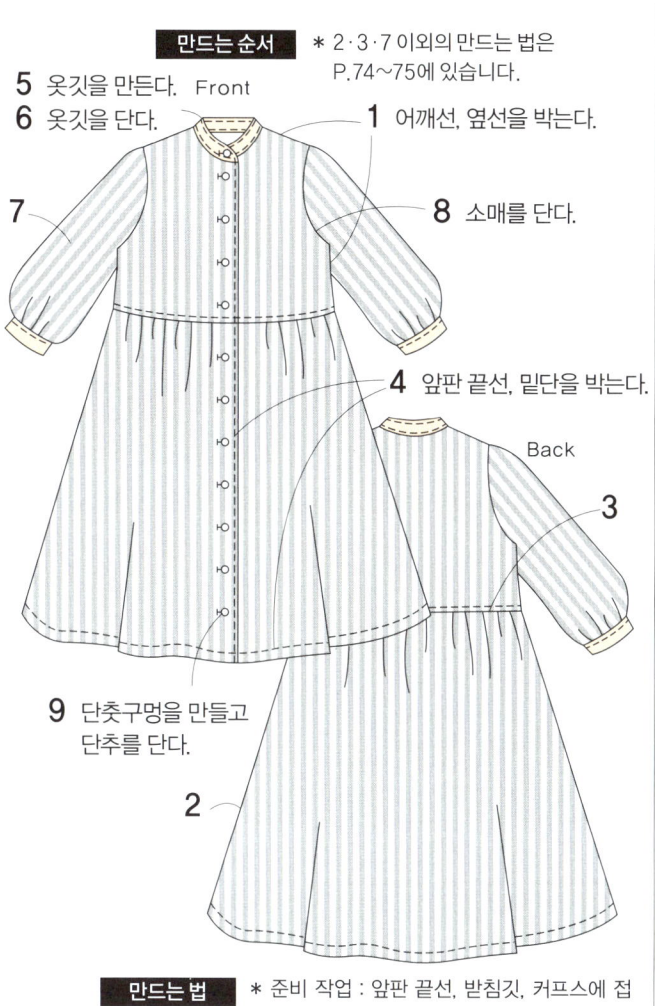

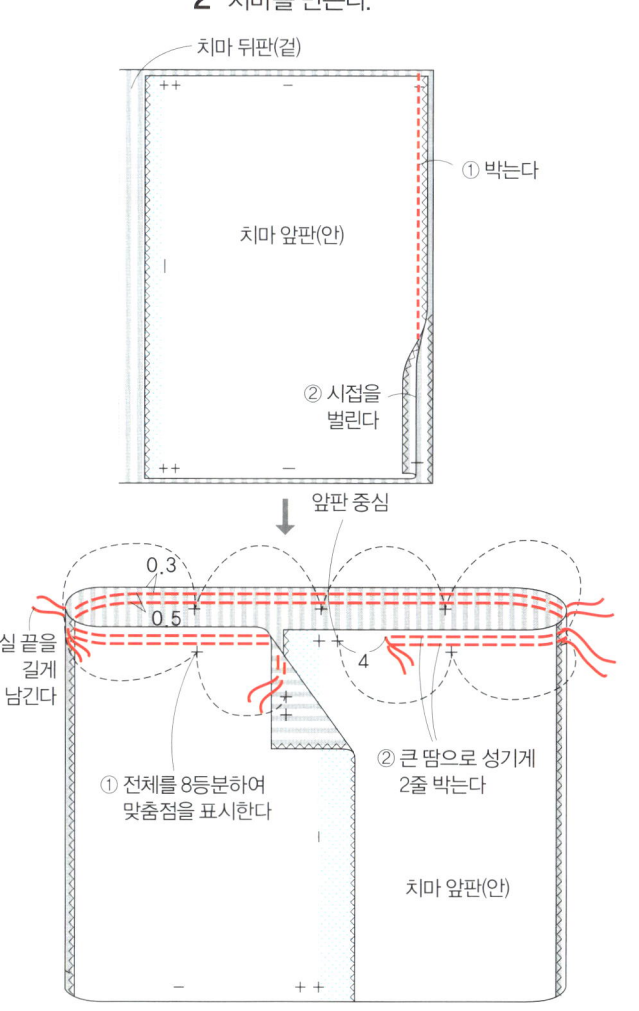

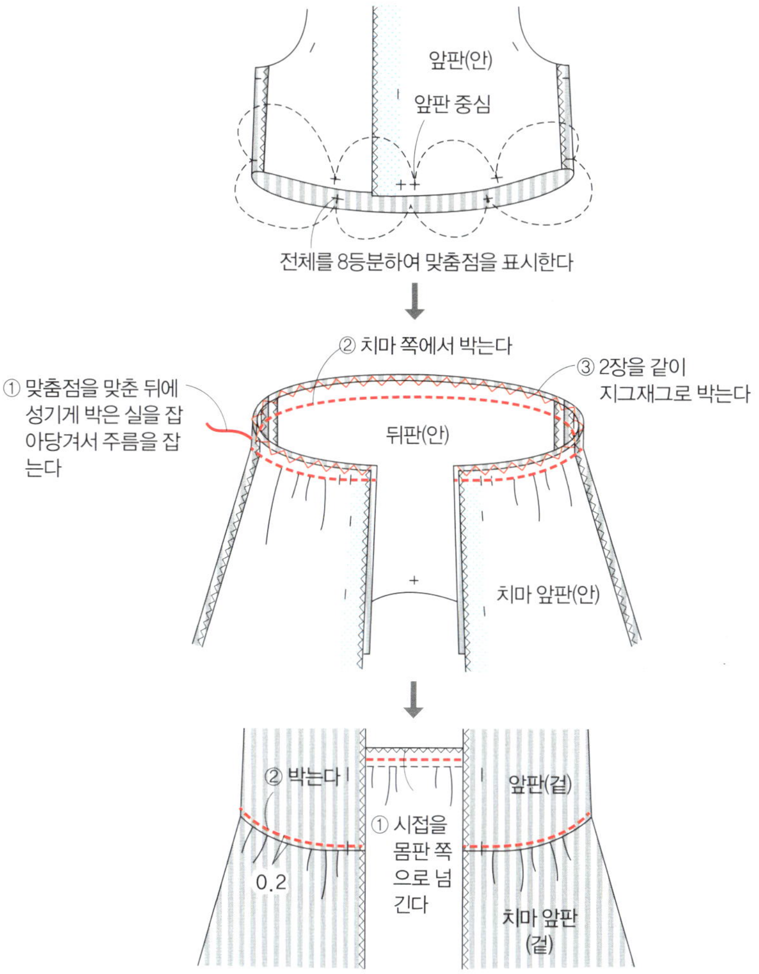

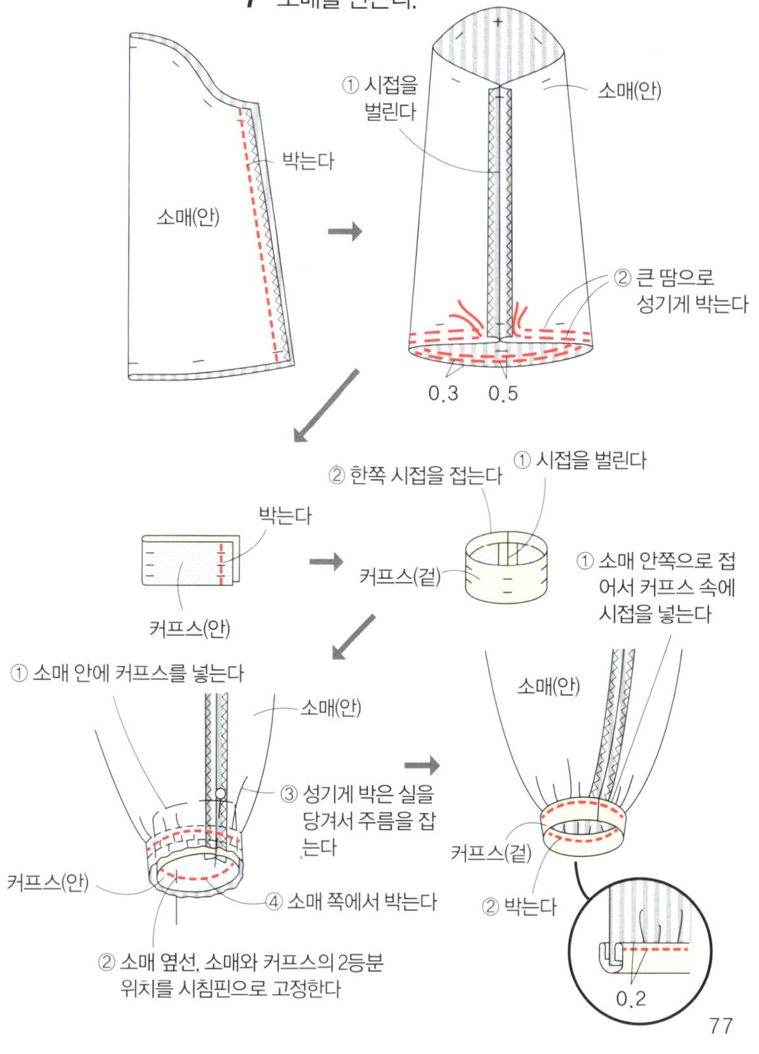

P.26 **16**

재료	치수	S	M	L	LL
No.16 겉감(깅엄체크-면 100%) 108cm 폭		180cm	190cm	190cm	200cm
No.19 겉감(소프트 브로드클로스 프린트-면 100%) 110cm 폭		180cm	190cm	190cm	200cm
No.26 겉감(더블 거즈 자수-면 100%) 110cm 폭		180cm	190cm	190cm	200cm
납작 고무줄	3cm 폭	70cm	70cm	80cm	80cm
완성 치수	치마 길이	78.5cm	80.5cm	82.5cm	84.5cm

P.28 **19**

■ **실물 크기 옷본**

◆ 실물 크기 옷본이 없습니다.

※ 실물 크기 옷본이 없으므로 각자 제도하여 사용합니다.

4단으로 적힌 숫자는
S사이즈
M사이즈
L사이즈
LL사이즈
하나만 있는 숫자는 공통

P.35 **26**

〈제도〉

허릿단

납작 고무줄 길이
66
70
73
77

납작 고무줄을 끼운다
(시접분 2 포함)

접음선   3.5
오른쪽 옆선 골선 ──── 왼쪽 옆선
      0.2   3.5

47
50
52
53

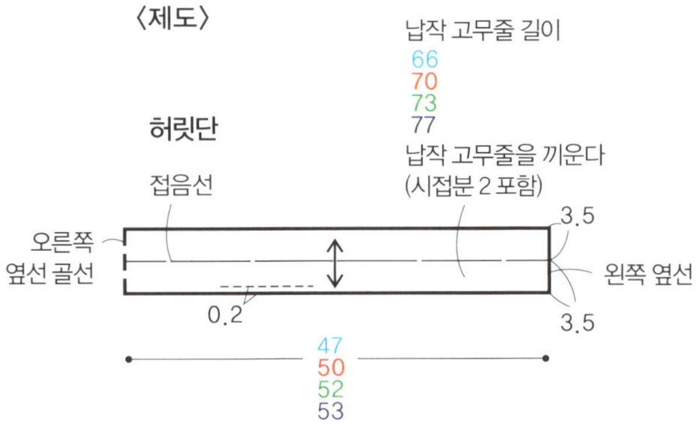

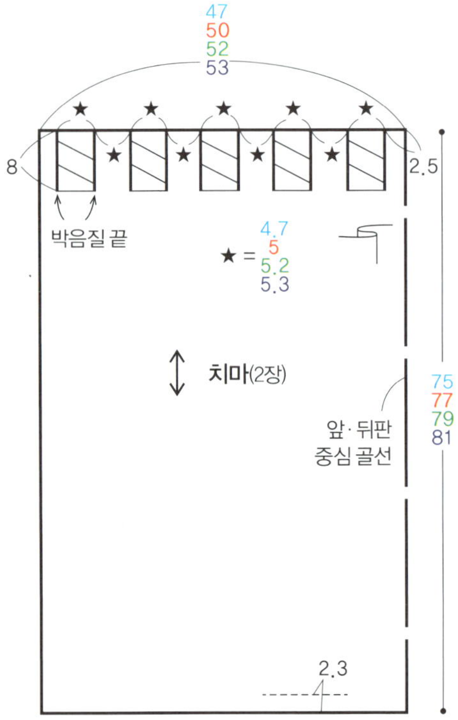

■ **겉감을 마름질하는 법**

◆ 정해진 곳 이외의 시접 치수는 1cm

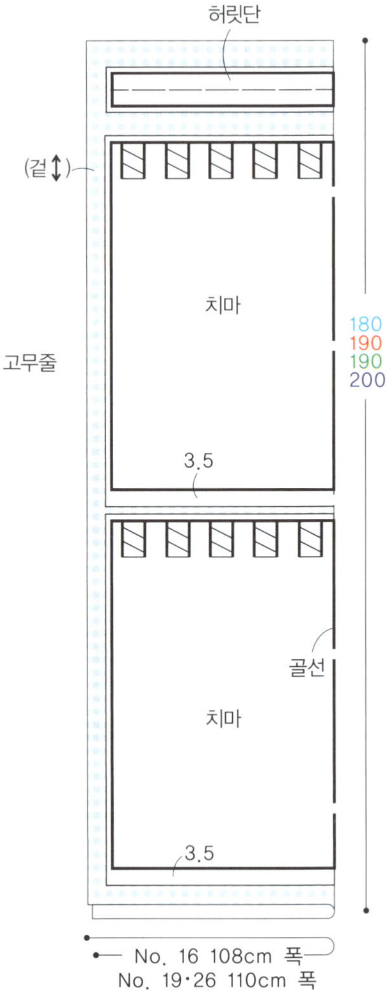

47
50
52
53

★ ★ ★ ★ ★
8   ★ ★ ★ ★ ★   2.5

박음질 끝

★ = 4.7 / 5 / 5.2 / 5.3

납작 고무줄

치마(2장)

앞·뒤판 중심 골선

75
77
79
81

2.3

허릿단
(겉)
치마
180
190
190
200
3.5

골선
치마
3.5

No. 16 108cm 폭
No. 19·26 110cm 폭

만드는 순서

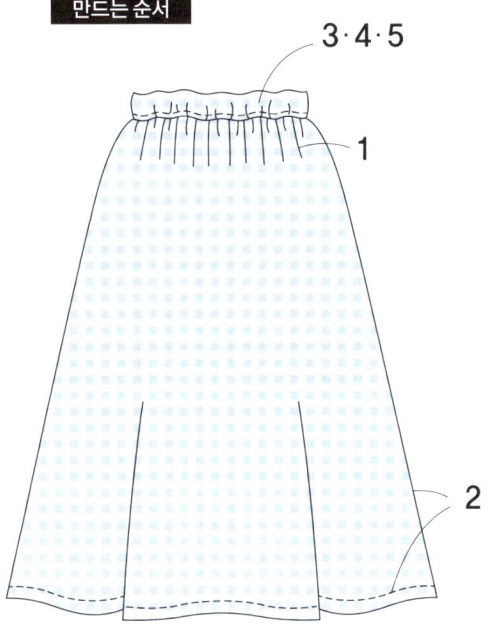

만드는 법

1 접박기를 한다.

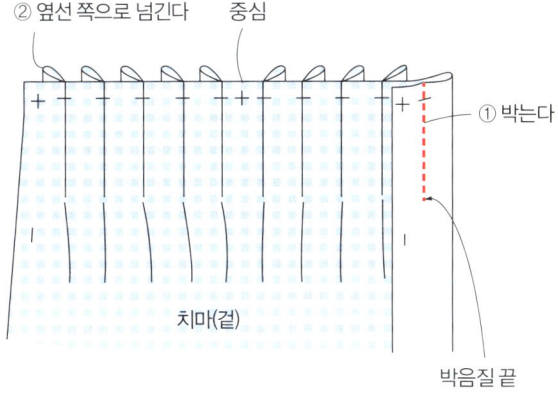

2 옆선, 밑단을 박는다.

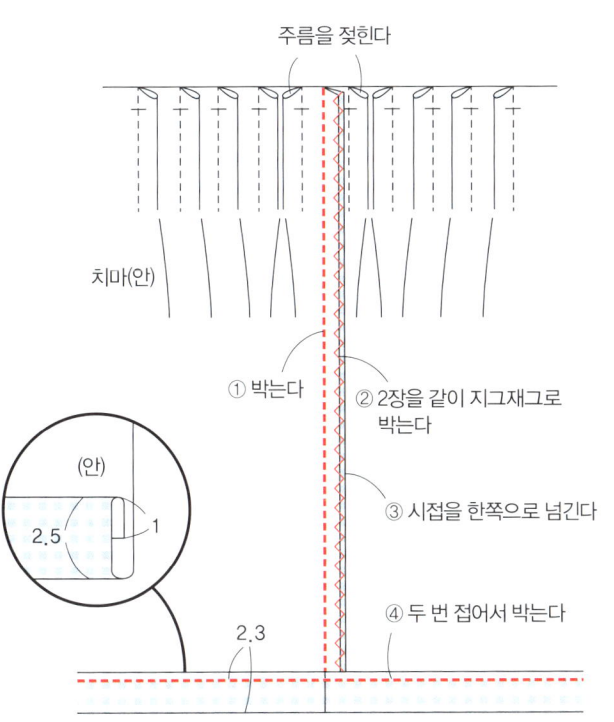

3 허릿단을 만든다.

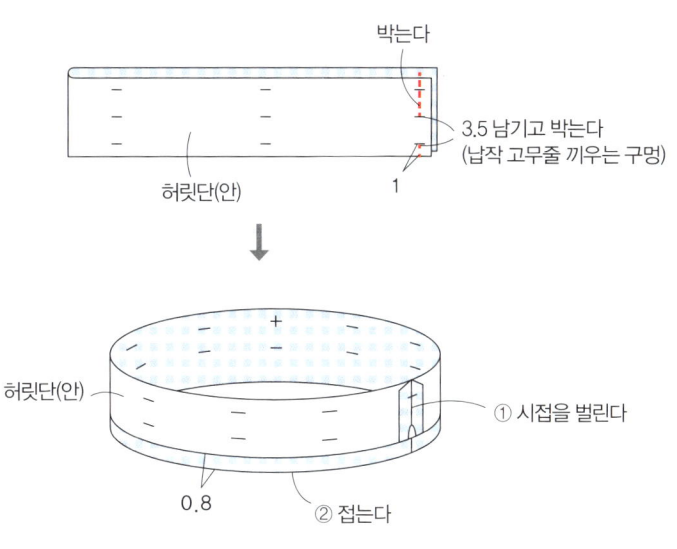

4 허릿단을 단다.

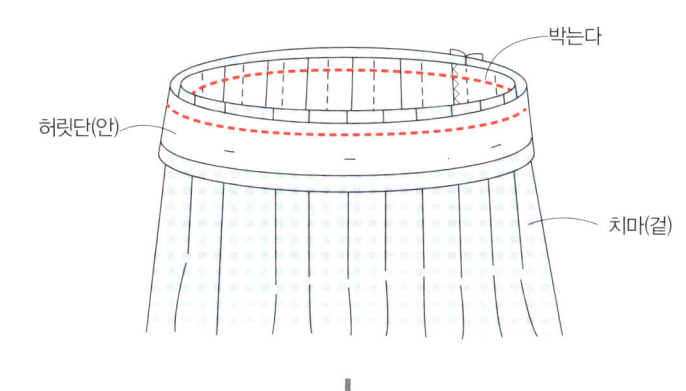

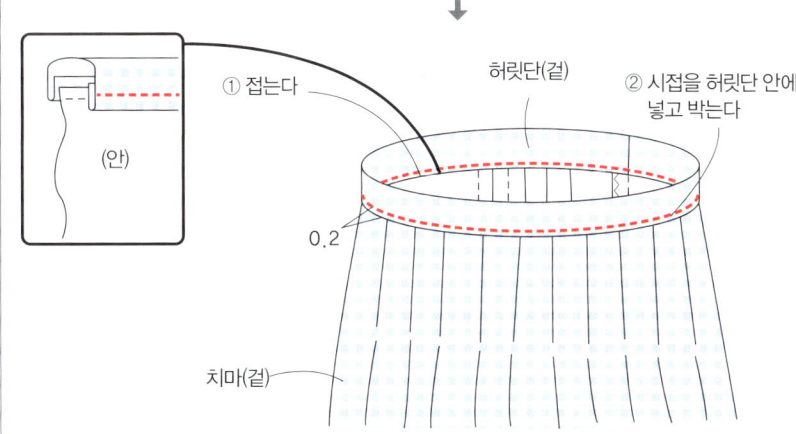

5 납작 고무줄을 끼운다.

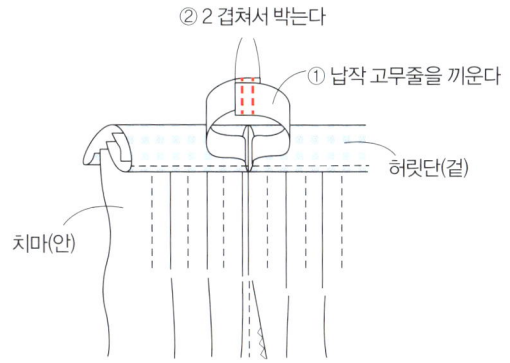

P.28 18

재료	치수	S	M	L	LL
겉감(소프트 브로드클로스 프린트-면 100%)	110cm 폭	170cm	180cm	190cm	190cm
접착심지	112cm 폭	60cm	70cm	70cm	70cm
단추	지름 1cm	7개	7개	7개	7개
완성 치수	전체 길이	63.8cm	65.8cm	67.5cm	69.2cm
	가슴둘레	96.6cm	102.8cm	108cm	113cm

실물 크기 옷본

◆ 실물 크기 옷본 C면 18을 사용합니다.

사용하는 부분 : 앞판, 뒤판, 바대, 소매, 옷깃

※ 커프스는 실물 크기 옷본이 없으므로 각자 제도하여 사용합니다.

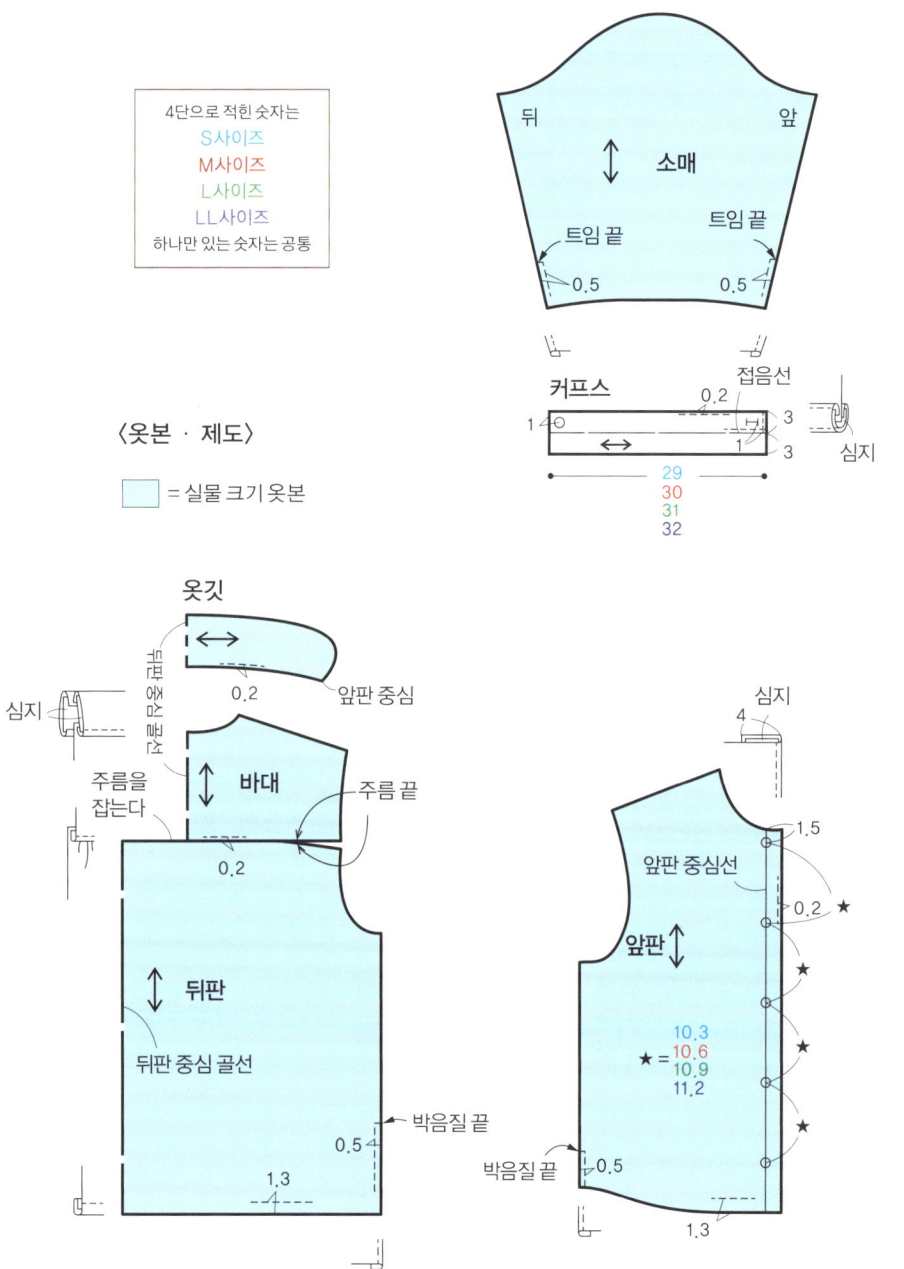

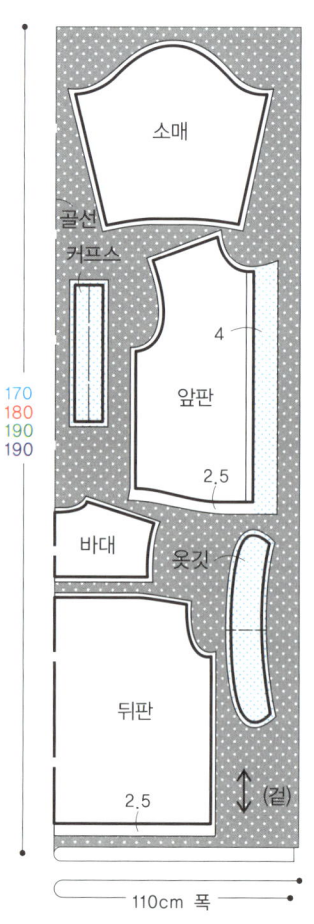

만드는 순서

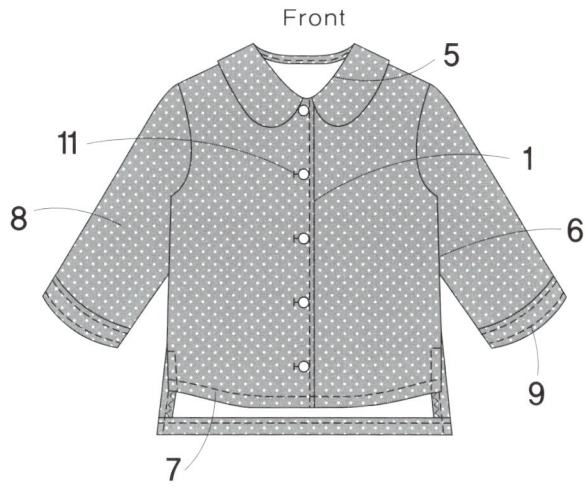

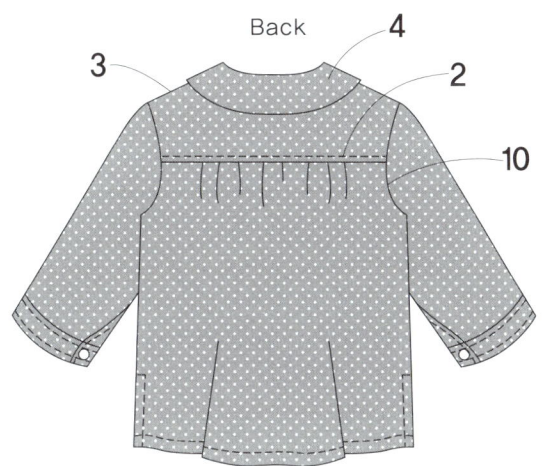

만드는 법

* 준비 작업 : 앞판 끝선, 옷깃, 커프스에 접착심지를 붙인다. 마름질하여 몸판 옆선, 어깨선, 소매 옆선, 앞판 끝선 가장자리를 지그재그로 박는다.

1 앞판 끝선을 박는다.

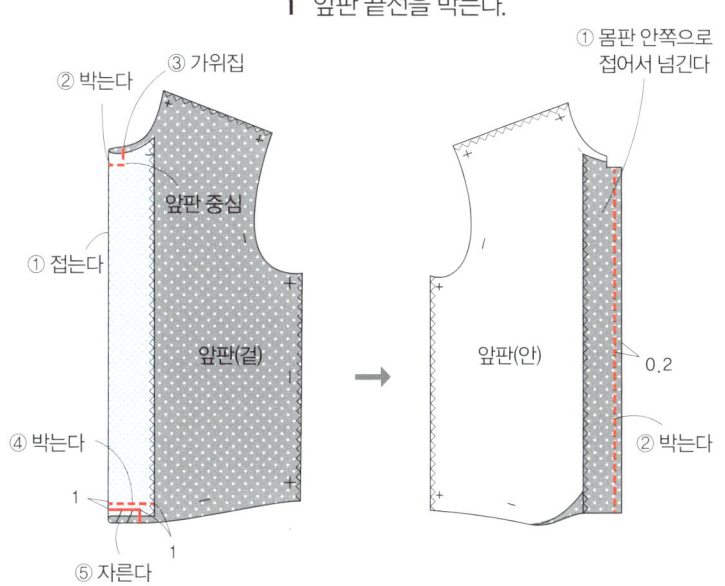

2 뒤판과 바대를 잇는다.

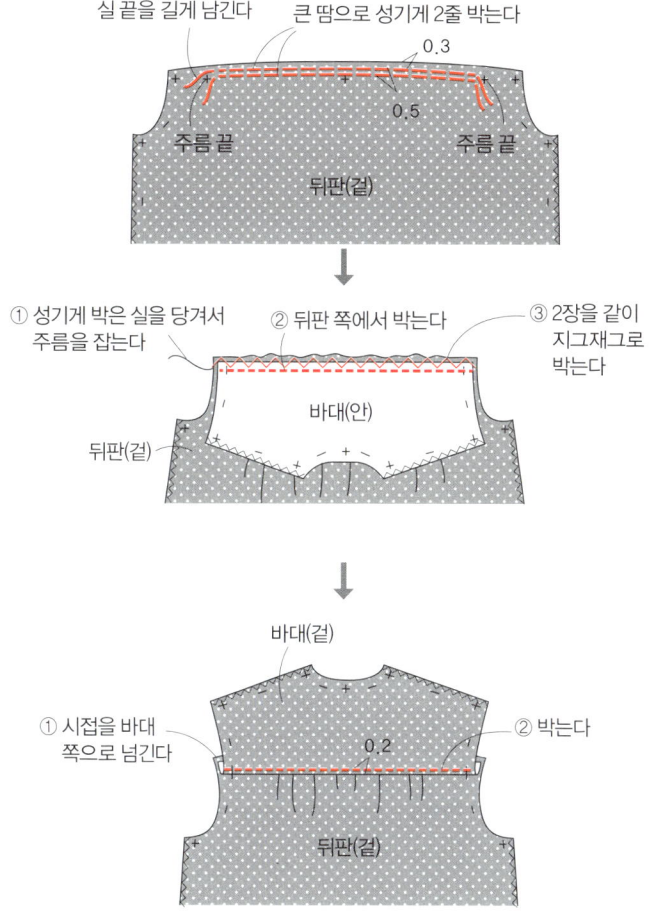

3 어깨선을 박는다.

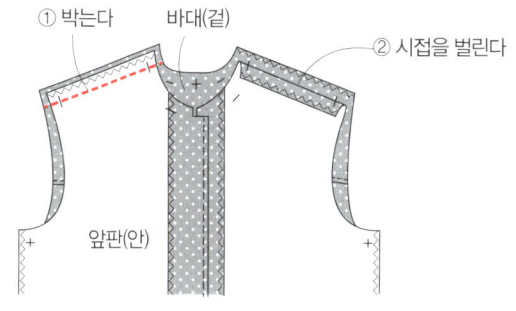

4 옷깃을 만든다.

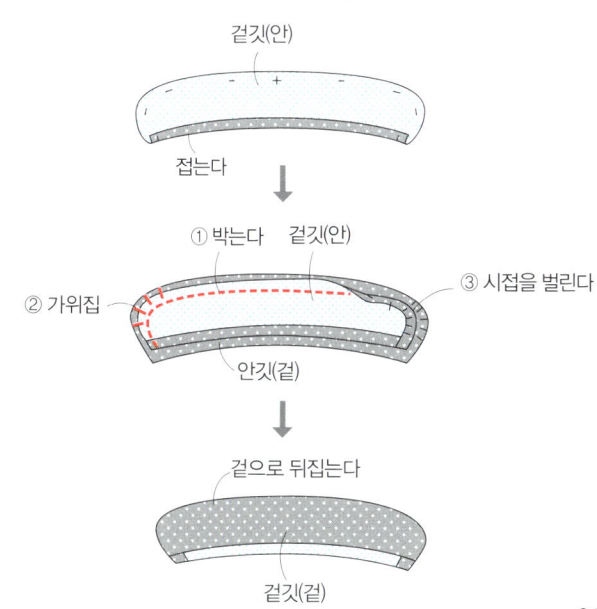

5 옷깃을 단다.

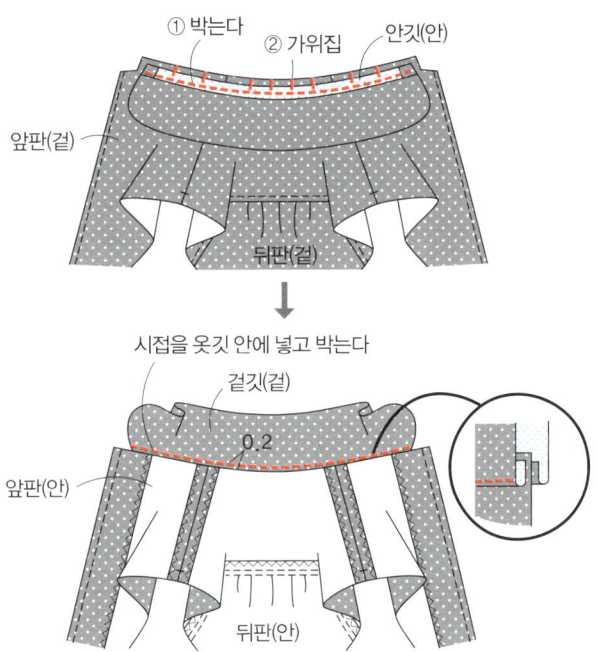

6 옆선을 박는다.

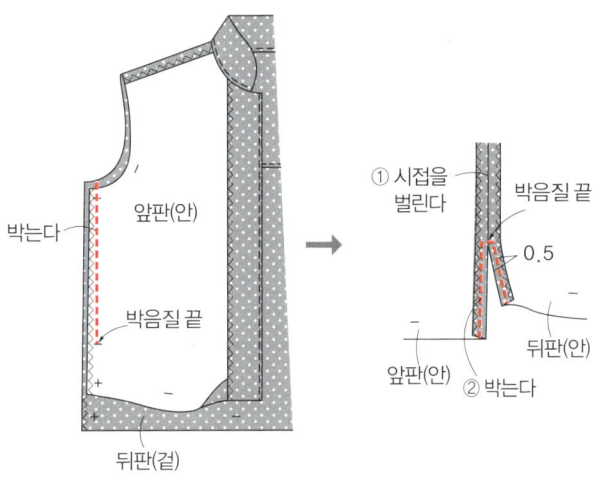

7 밑단을 박는다.

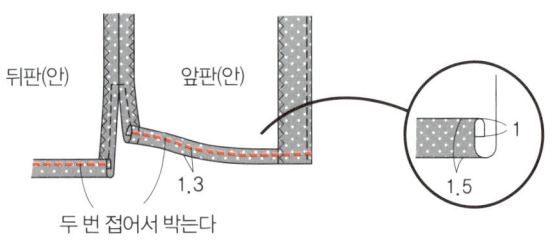

8 소매를 만든다.

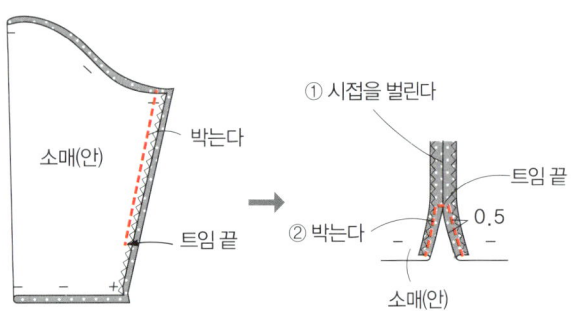

9 커프스를 만든다.

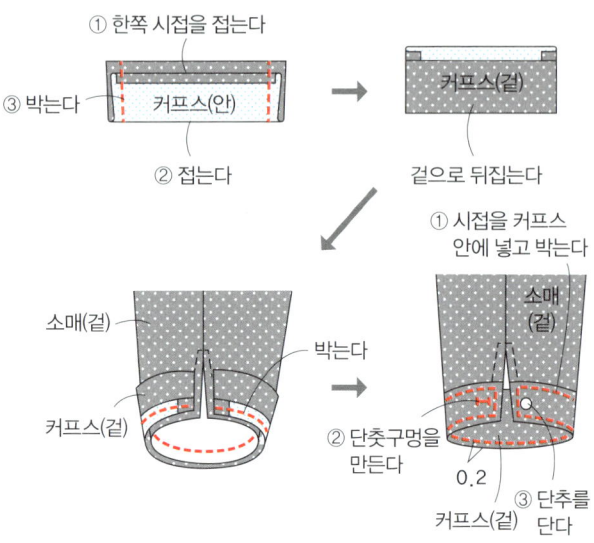

10 소매를 단다.

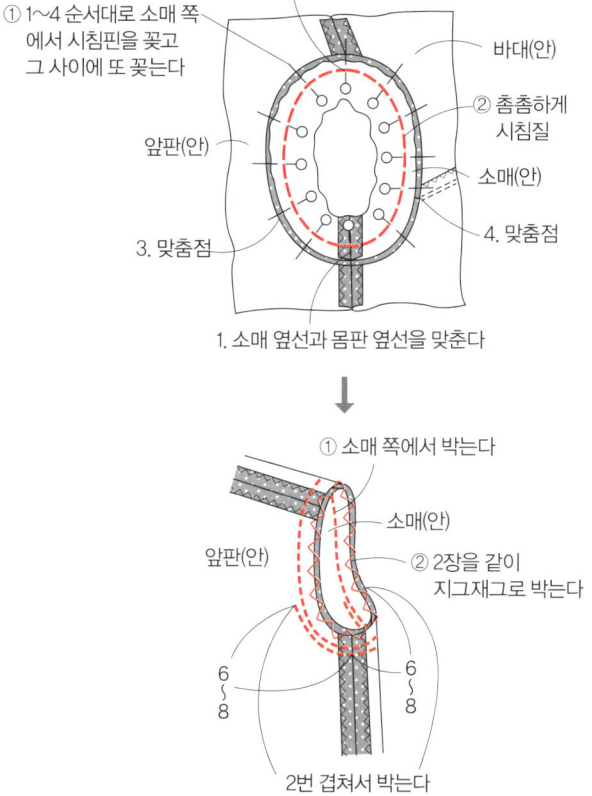

11 단춧구멍을 만들고 단추를 단다.

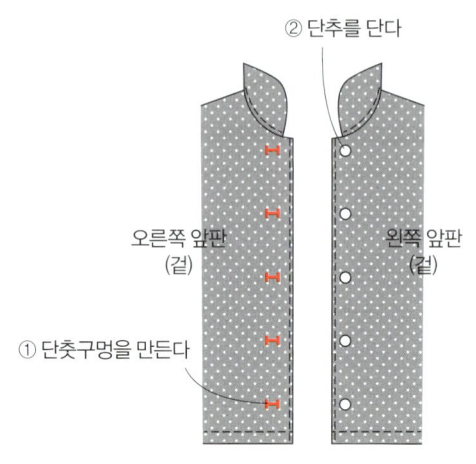

재료	치수	S	M	L	LL
No.20 겉감(소프트 헤링본 워싱 리넨-리넨 100%)	110cm 폭	230cm	240cm	250cm	260cm
No.22 겉감(리넨 샴브레이-리넨 50% 면 50%)	144cm 폭	170cm	180cm	190cm	200cm
접착심지	112cm 폭	80cm	80cm	90cm	90cm
단추	지름 2cm	2개	2개	2개	2개
완성 치수	전체 길이	71.5cm	73.5cm	75.5cm	78.5cm
	가슴둘레	106.8cm	110.8cm	114.6cm	120.8cm

실물 크기 옷본

◆ 실물 크기 옷본 C면 20을 사용합니다.
  사용하는 부분 : 앞판, 뒤판, 소매, 앞쪽 안단, 뒤쪽 안단, 주머니

〈옷본 · 제도〉

4단으로 적힌 숫자는
S사이즈
M사이즈
L사이즈
LL사이즈
하나만 있는 숫자는 공통

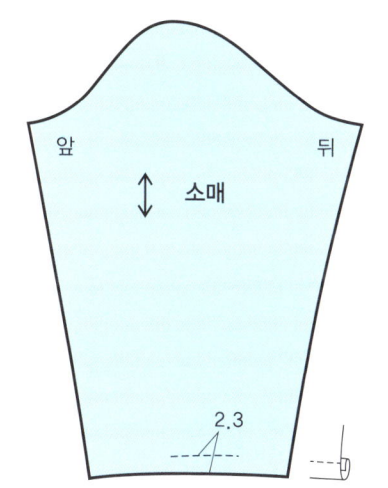
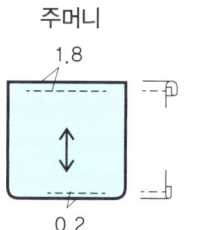

No.20 겉감을 마름질하는 법

◆ 정해진곳 이외의 시접 치수는 1cm

= 접착심지를 붙이는 부분

No.22 겉감을 마름질하는 법

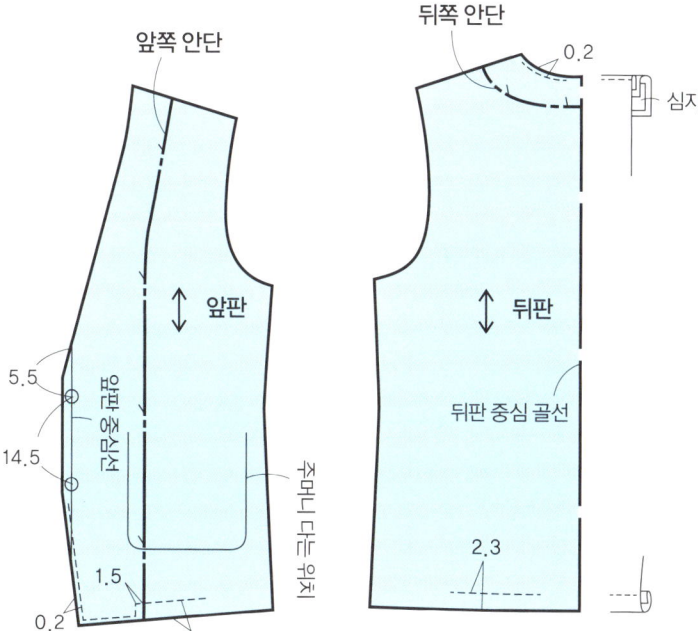
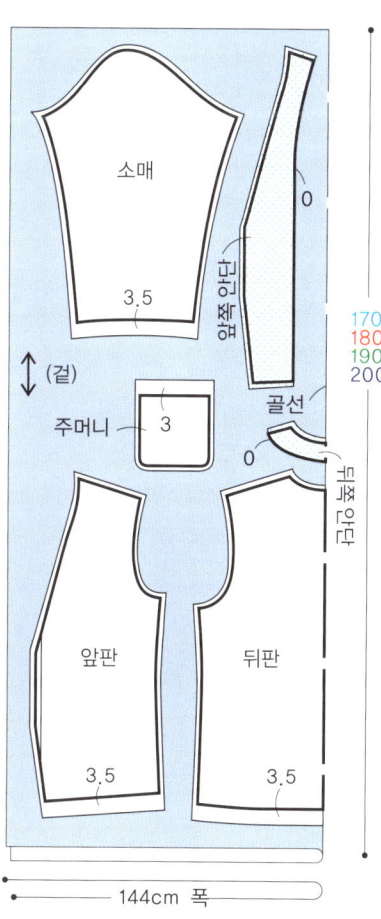

만드는 순서

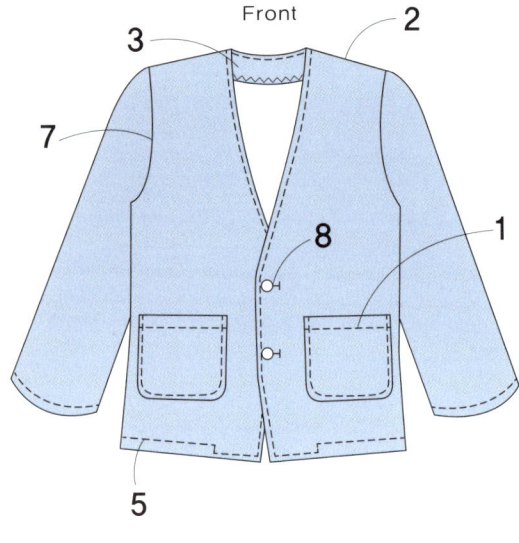

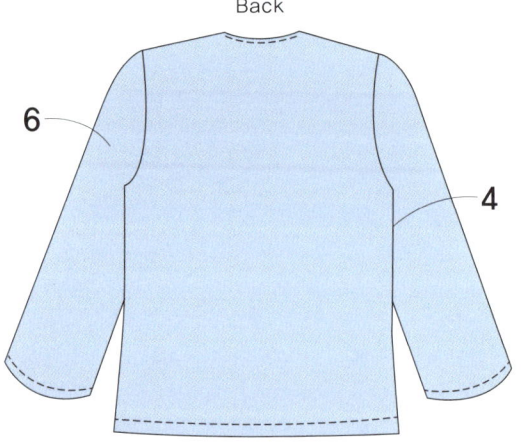

만드는 법

* 준비 작업 : 안단에 접착심지를 붙인다. 마름질하여 몸판 옆선, 어깨선, 소매 옆선, 안단 가장자리를 지그재그로 박는다.

1 주머니를 만들어서 단다.

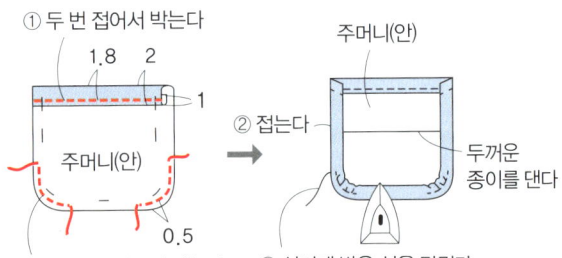

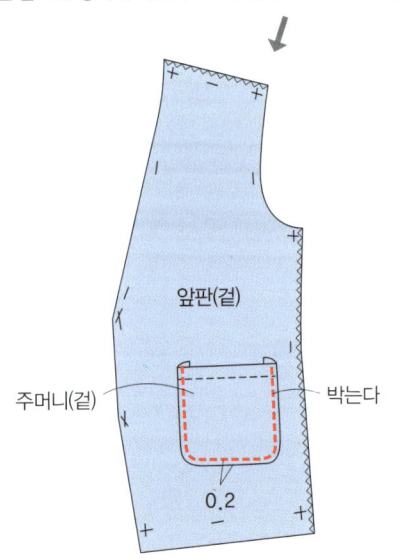

2 어깨선을 박는다.

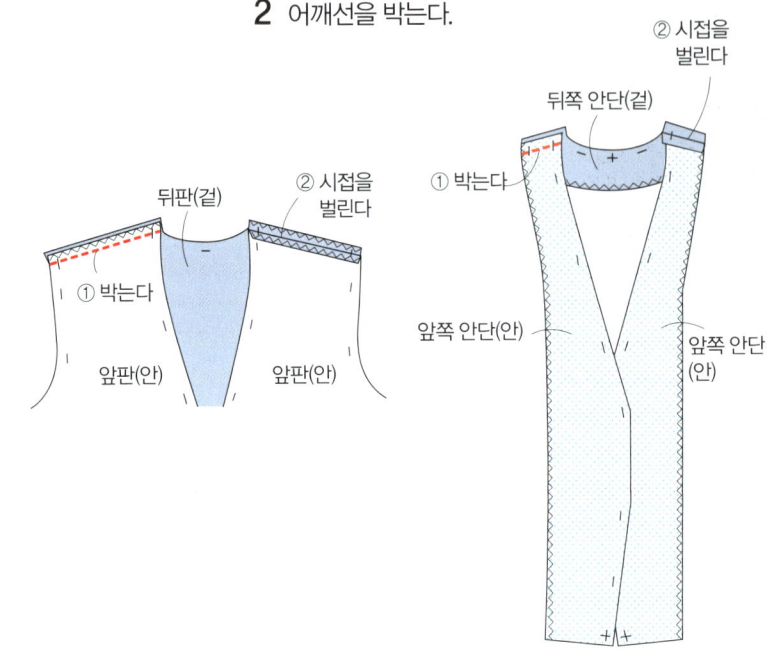

3 안단을 단다.

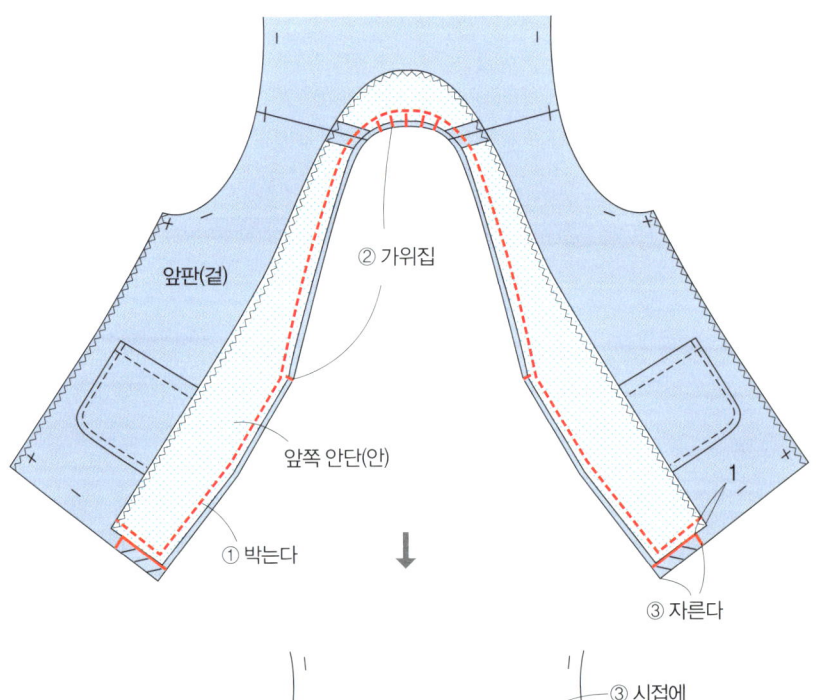

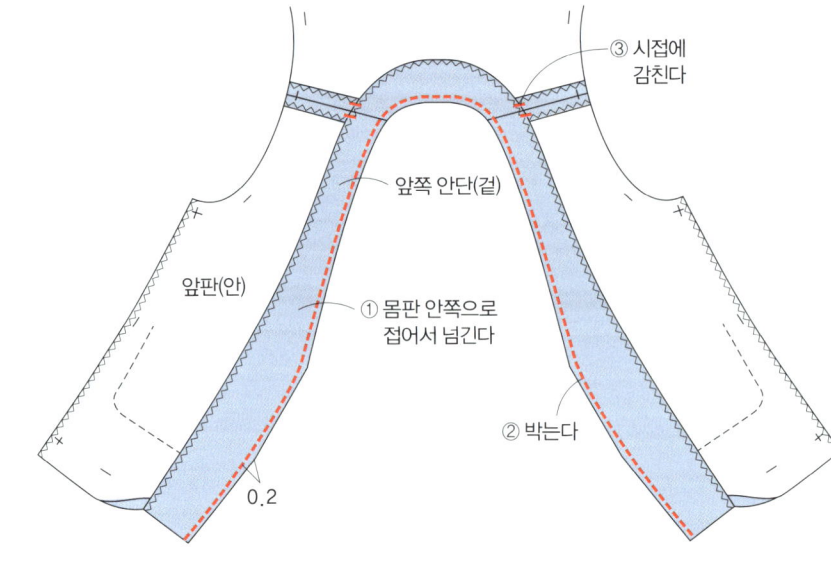

4 옆선을 박는다.

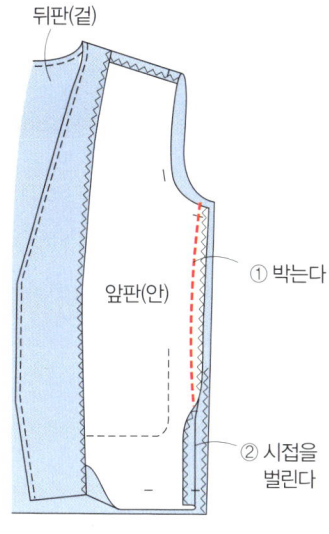

5 밑단을 박는다.

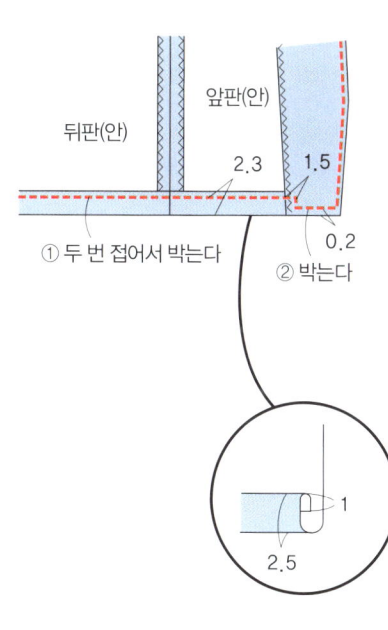

6 소매를 만든다.

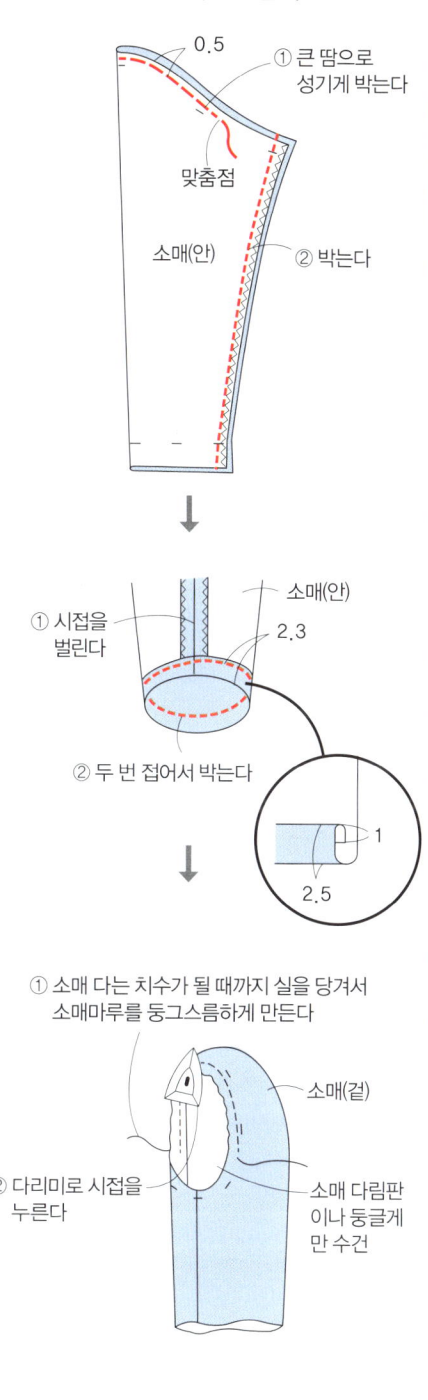

7 소매를 단다.

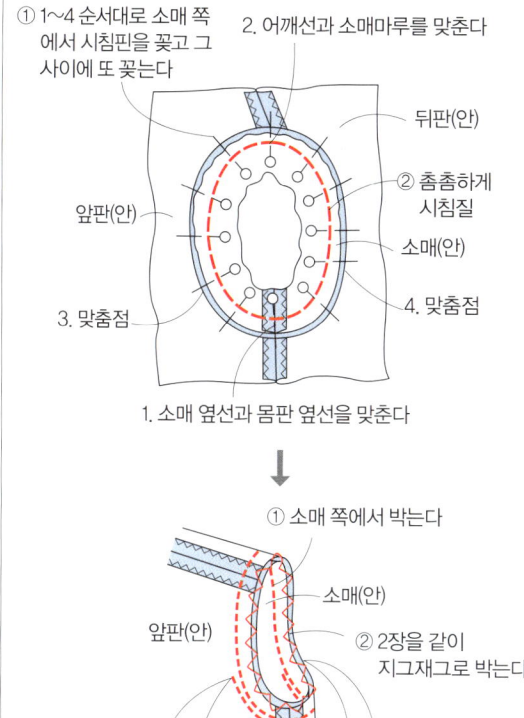

8 단춧구멍을 만들고 단추를 단다.

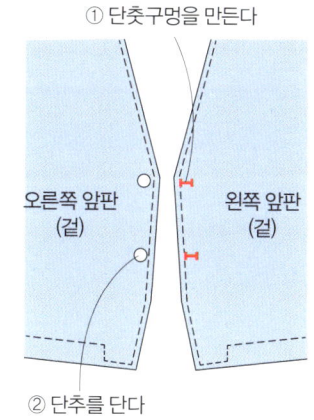

손바느질 하는 법

시침질

재봉틀로 박기 전에 옷감이 어긋나지 않도록 꿰매 두는 것을 시침질이라고 합니다. 실은 시침실을 사용합니다.

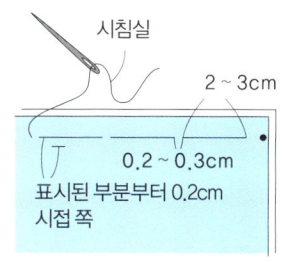

감침질

옷감끼리 겹쳤을 때 사용하는 바느질법입니다.

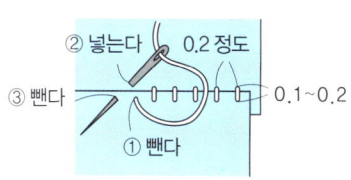

공그르기

주로 창구멍을 감칠 때 사용하는 바느질법입니다.

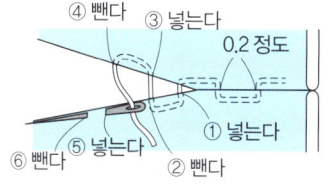

P.30 **21**

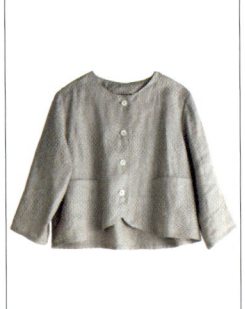

재료	치수	S	M	L	LL
겉감(소프트 헤링본 워싱 리넨-리넨 100%)	110cm 폭	180cm	190cm	200cm	200cm
접착심지	112cm 폭	70cm	70cm	70cm	70cm
단추	지름 2cm	4개	4개	4개	4개
완성 치수	전체 길이	56.1cm	57.8cm	59.3cm	60.8cm
	가슴둘레	99.2cm	105.4cm	110.8cm	117cm

실물 크기 옷본

◆ 실물 크기 옷본 B면 21을 사용합니다.

사용하는 부분 : 앞판, 뒤판, 바대, 소매, 앞쪽 안단, 뒤쪽 안단, 주머니

〈옷본〉 = 실물 크기 옷본

4단으로 적힌 숫자는
S사이즈
M사이즈
L사이즈
LL사이즈
하나만 있는 숫자는 공통

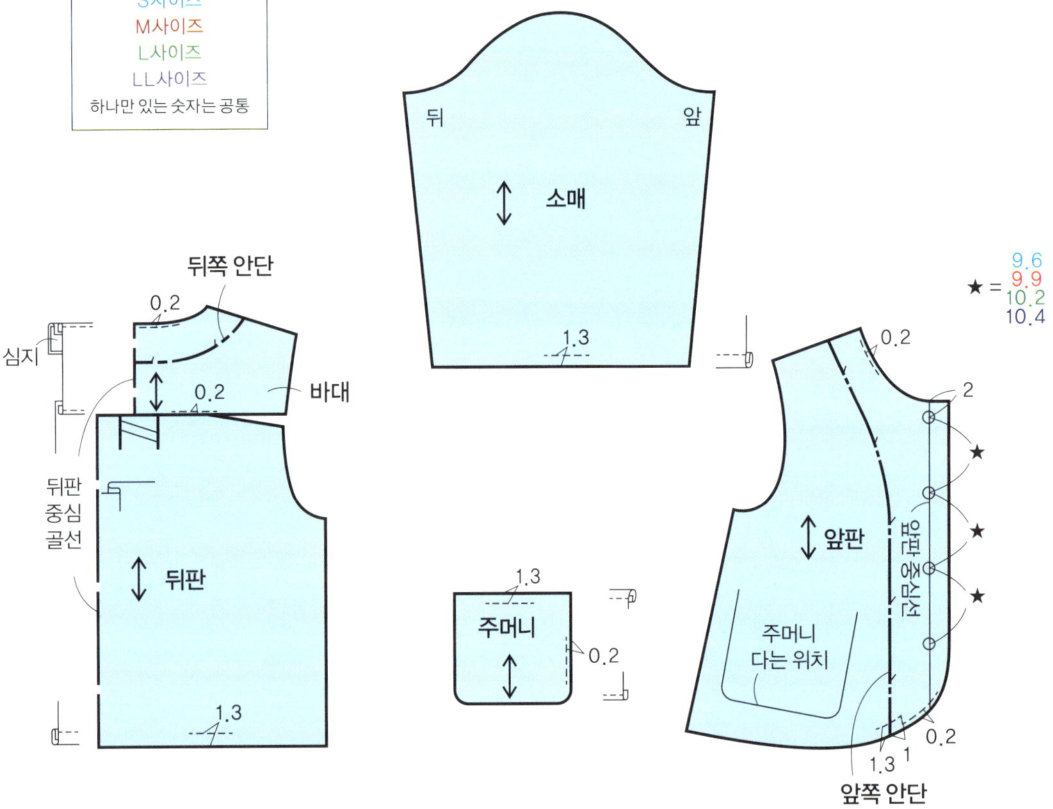

겉감을 마름질하는 법

◆ 정해진 곳 이외의 시접 치수는 1cm

= 접착심지를 붙이는 부분

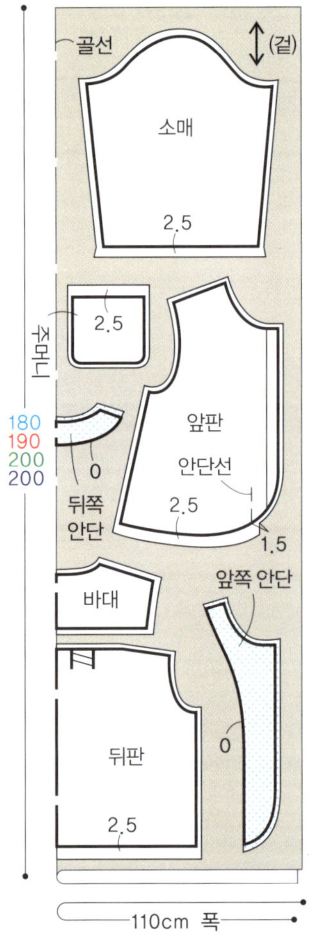

만드는 순서

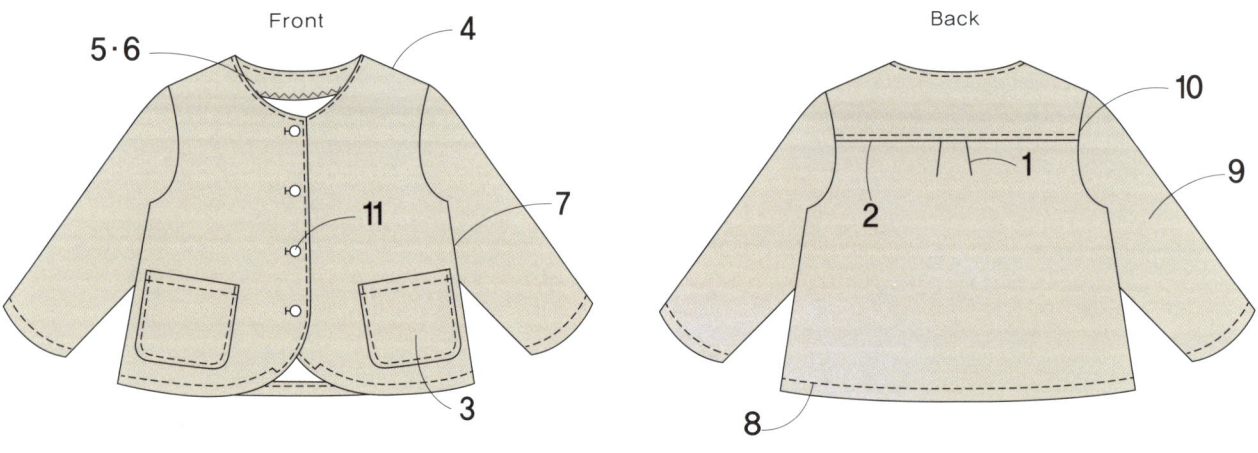

만드는 법　＊ 준비 작업 : 안단에 접착심지를 붙인다. 마름질하여 몸판 옆선, 어깨선, 소매 옆선, 안단 가장자리를 지그재그로 박는다.

1 접박기를 한다.

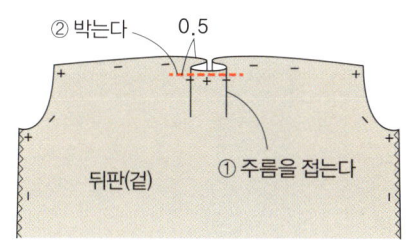

2 뒤판과 바대를 잇는다.

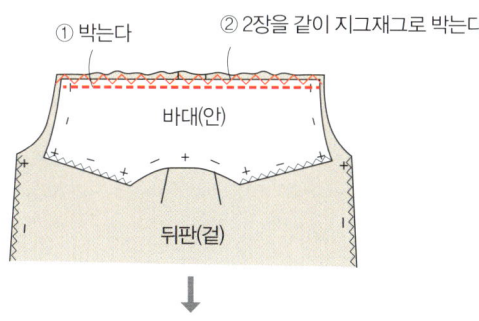

3 주머니를 만들어서 단다.

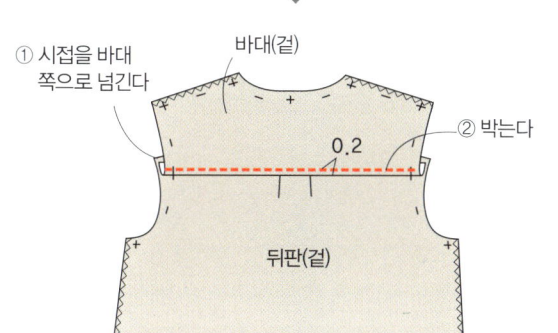

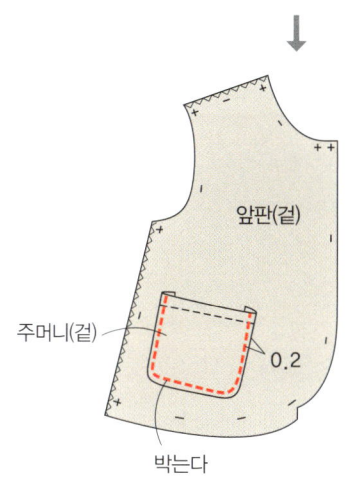

4 어깨선을 박는다.

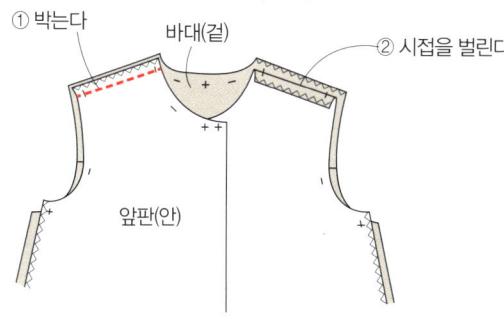

5 안단을 만든다.

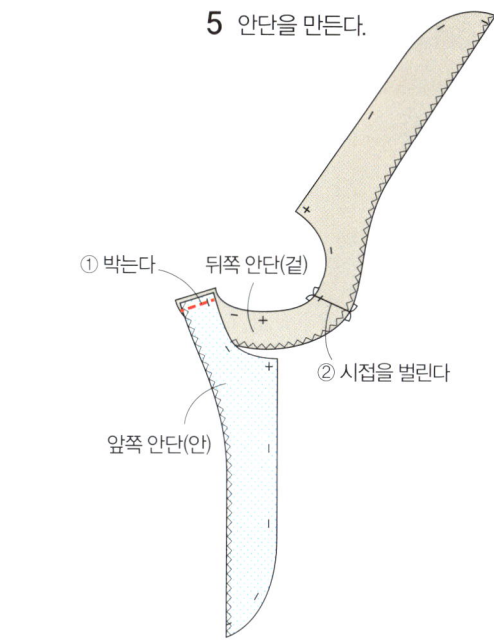

6 안단을 단다.

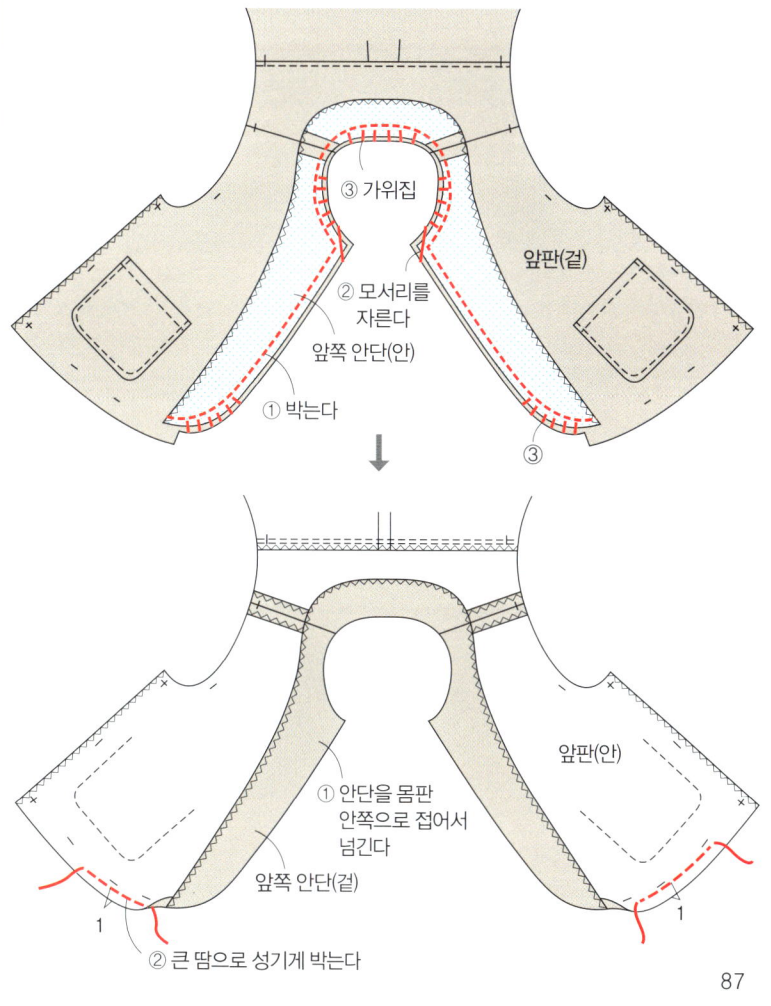

7 옆선을 박는다.

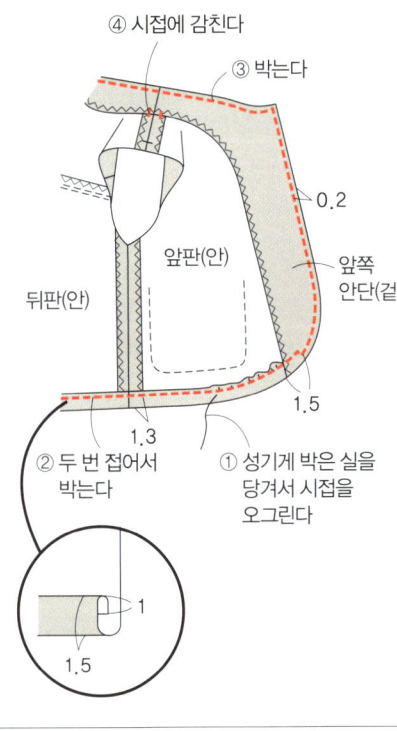

8 밑단을 박는다.

9 소매를 만든다.

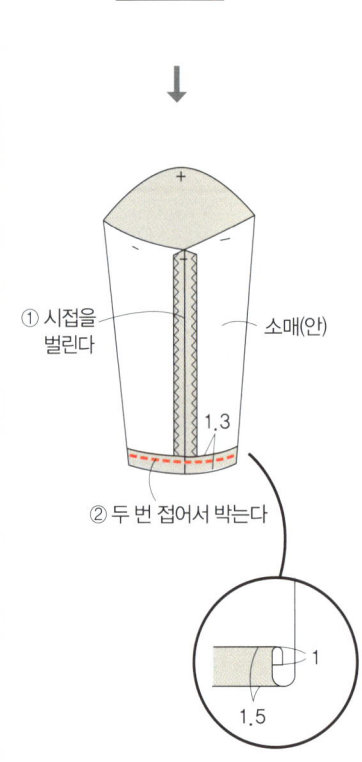

10 소매를 단다.

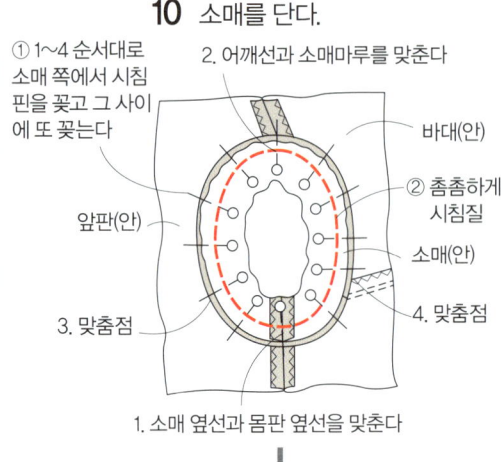

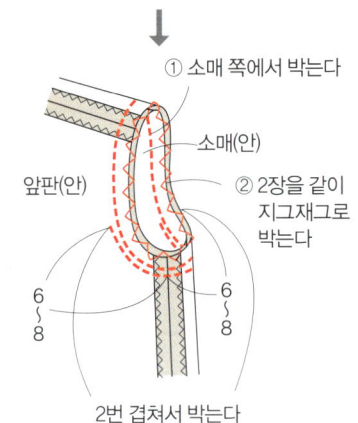

11 단춧구멍을 만들고 단추를 단다.

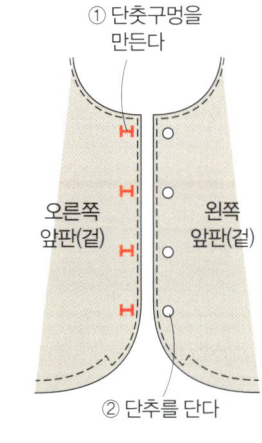

실 색깔 고르는 법

실 색깔은 기본적으로는 옷감과 같은 색을 사용합니다.
같은 색깔 실이 없을 때는 그림처럼 각각 옷감에 맞는 실을 고릅니다.

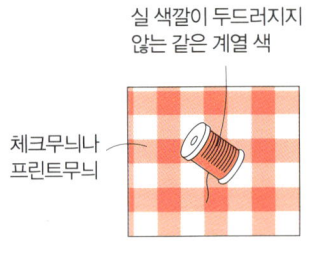

단추 다는 법

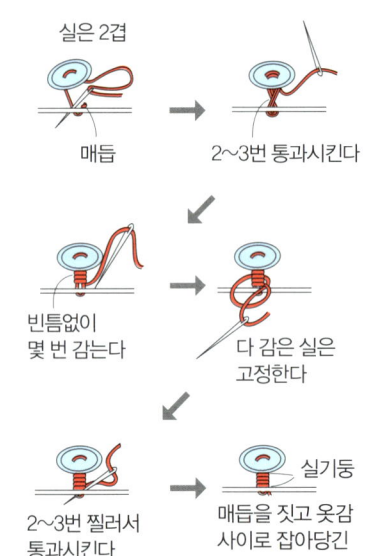

P.32 23

재료	치수	S	M	L	LL
겉감(리넨 샴브레이-리넨 50% 면 50%)	144cm 폭	260cm	270cm	280cm	290cm
접착심지	112cm 폭	110cm	110cm	120cm	120cm
단추	지름 2.2cm	3개	3개	3개	3개
완성 치수	전체 길이	97.5cm	100.5cm	103.1cm	105.8cm
	가슴둘레	99cm	105.4cm	110.8cm	116cm

실물 크기 옷본

◆ 실물 크기 옷본 A면 23을 사용합니다.

사용하는 부분 : 앞판, 뒤판, 바대, 소매, 앞쪽 안단, 뒤쪽 안단, 소매 안단, 주머니, 옷깃

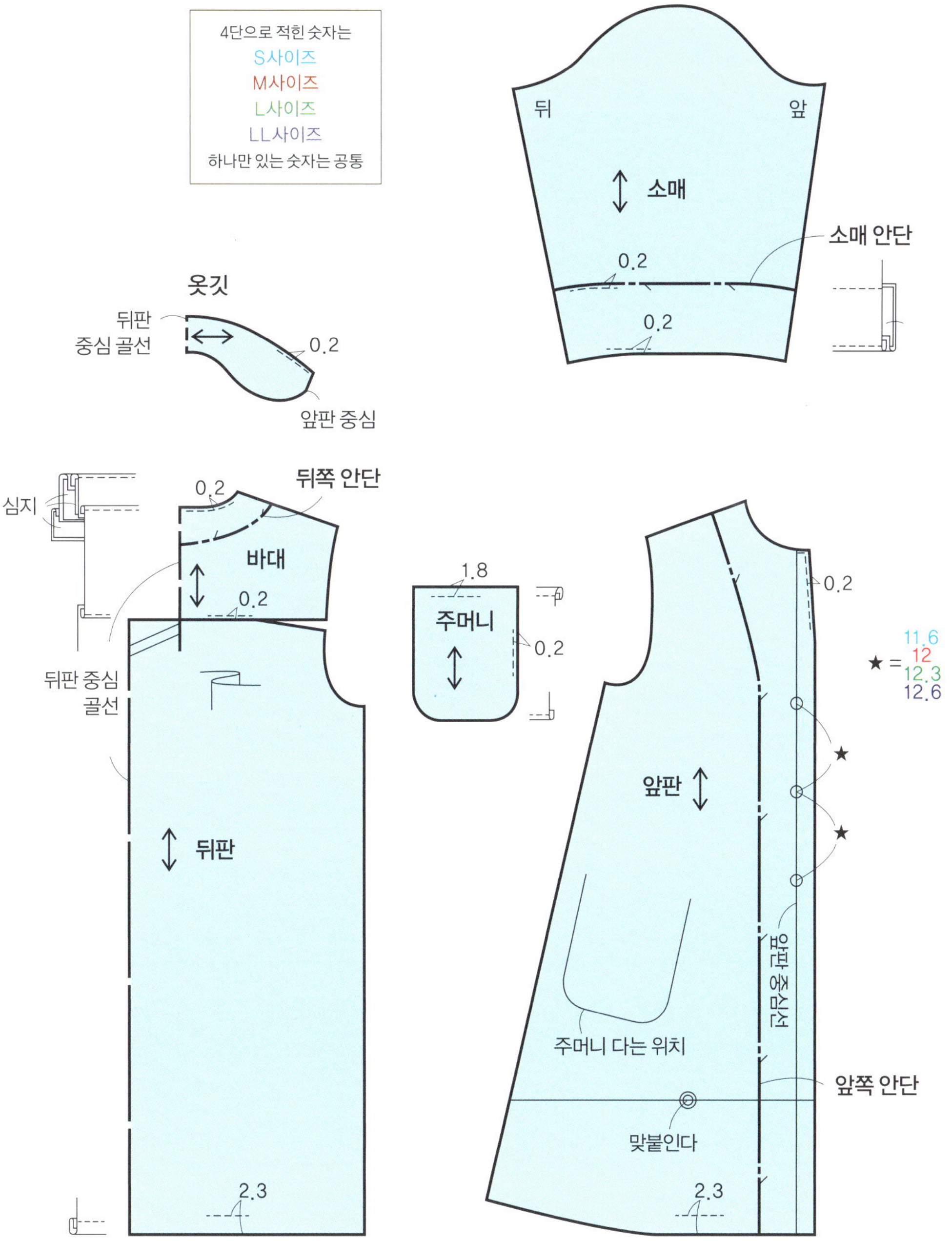

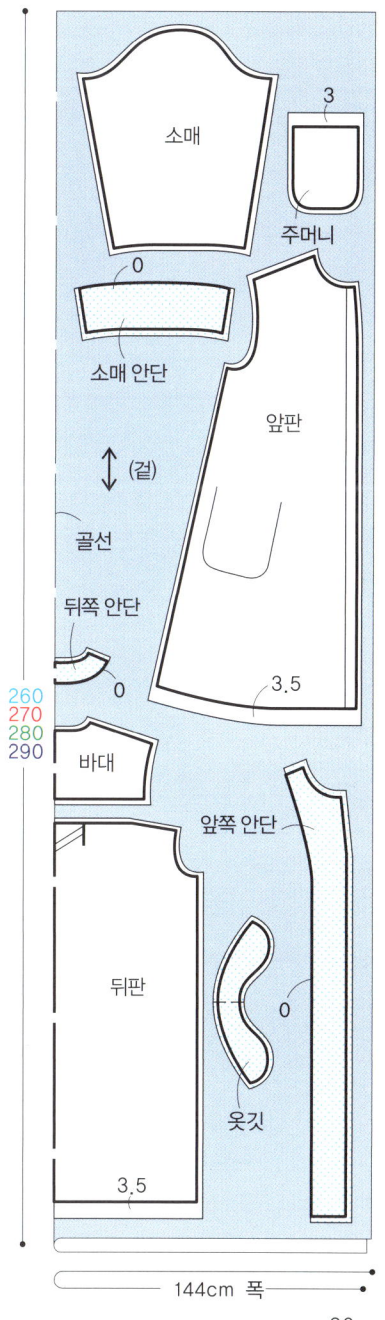

만드는 순서

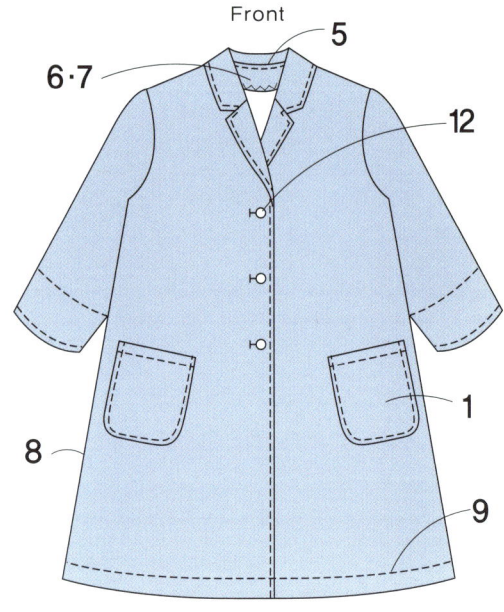

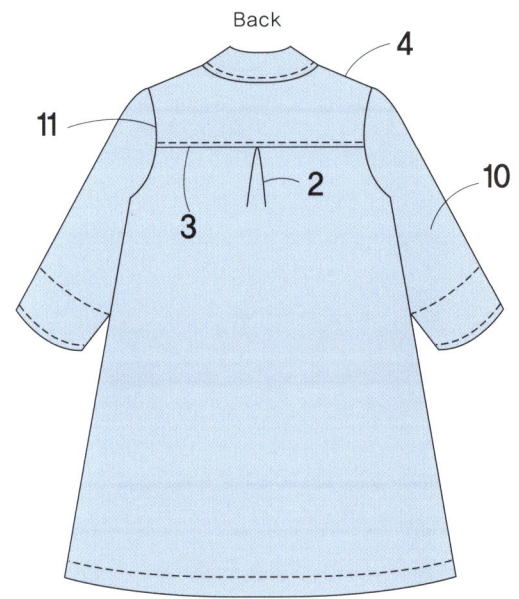

만드는 법

* 준비 작업 : 옷깃, 안단에 접착심지를 붙인다. 마름질하여 몸판 옆선, 어깨선, 소매 옆선, 안단 가장자리를 지그재그로 박는다.

1 주머니를 만들어서 단다.

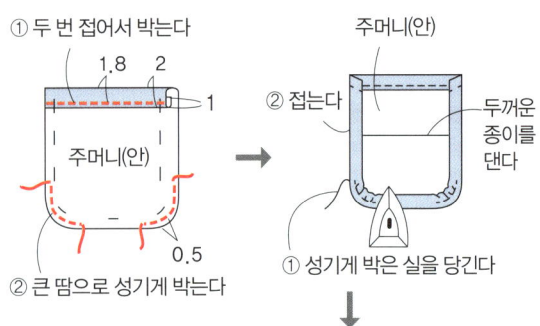

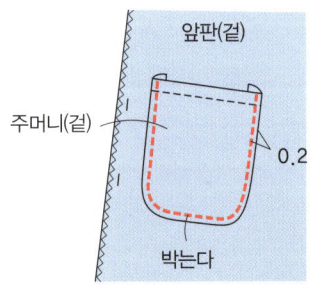

2 접박기를 한다.

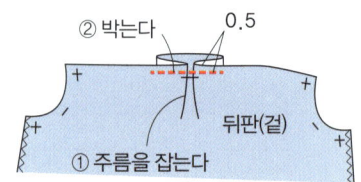

3 뒤판과 바대를 잇는다.

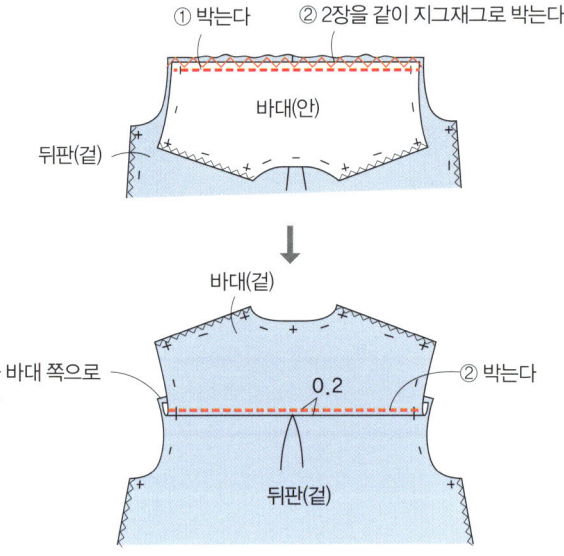

4 어깨선을 박는다.

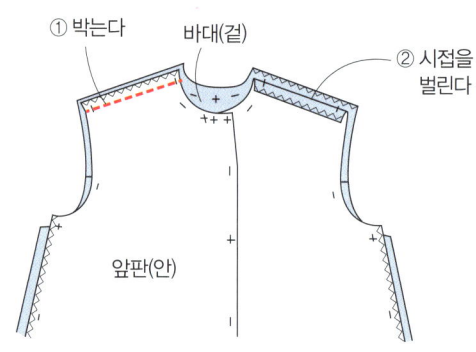

5 옷깃을 만들어서 단다.

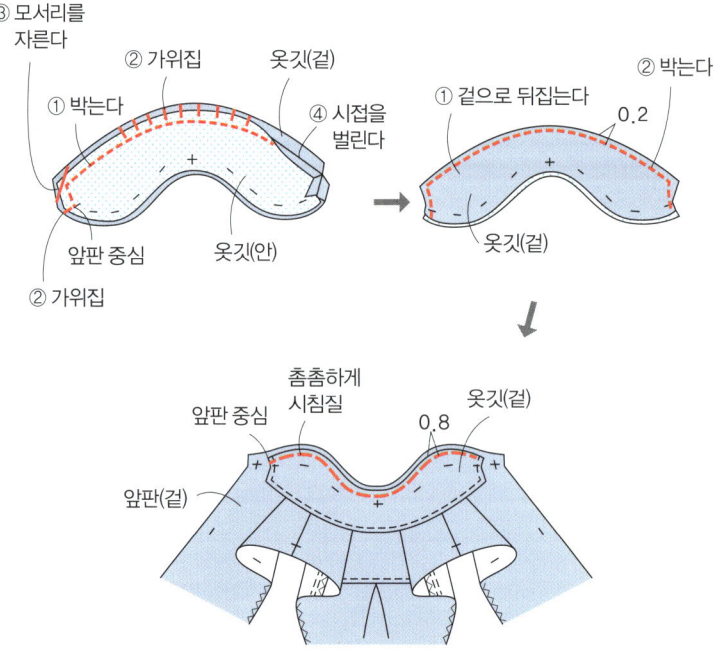

6 안단을 만든다.
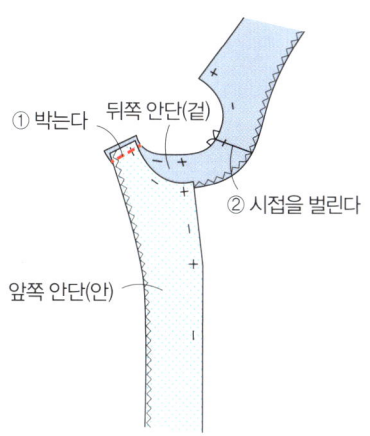

7 안단을 단다.
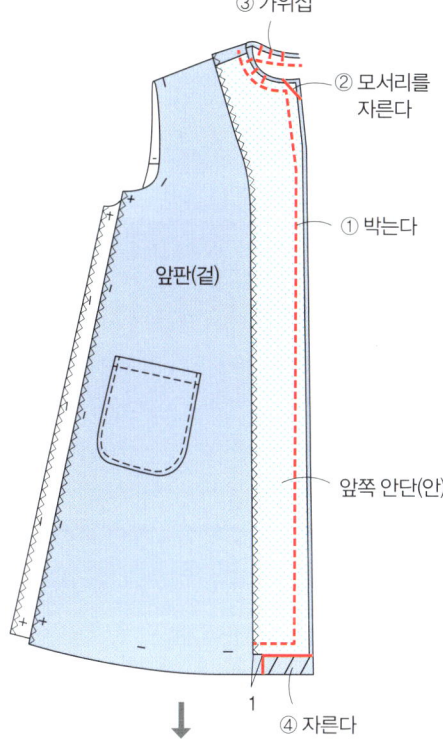

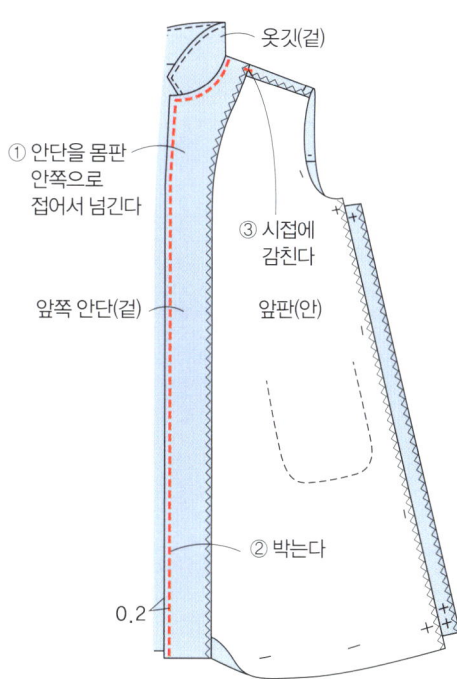

8 옆선을 박는다.
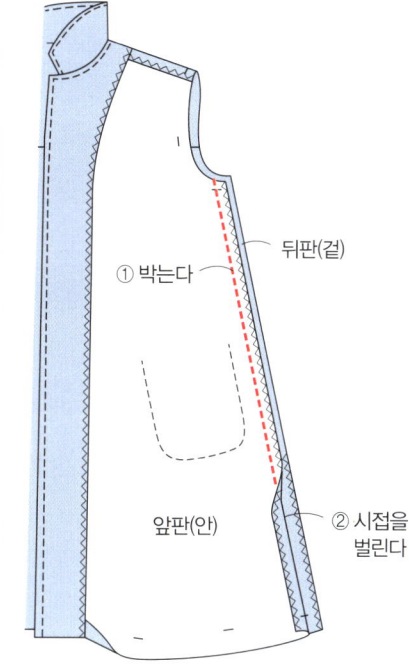

9 밑단을 박는다.
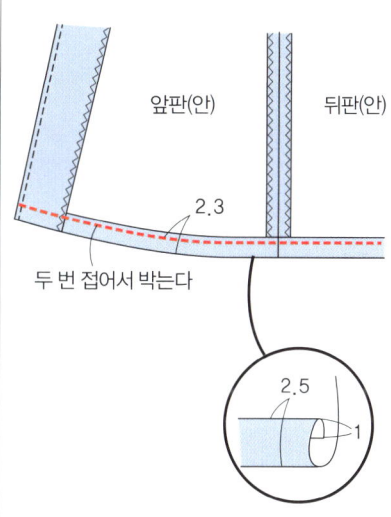

10 소매를 만든다.
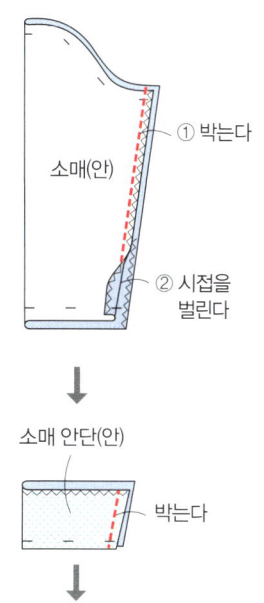

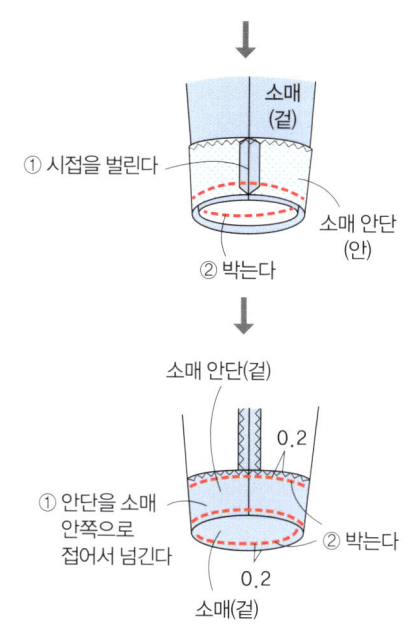

11 소매를 단다.
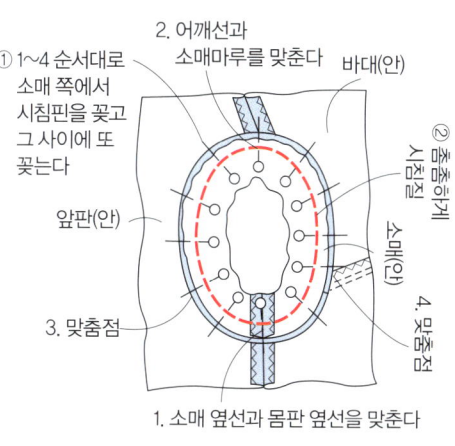

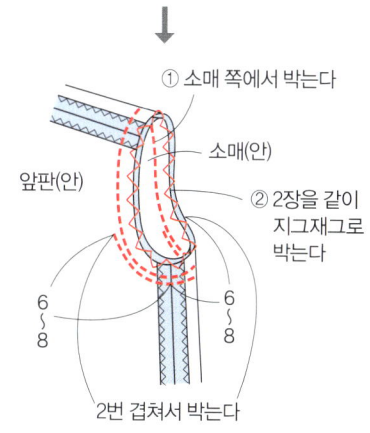

12 단춧구멍을 만들고 단추를 단다.
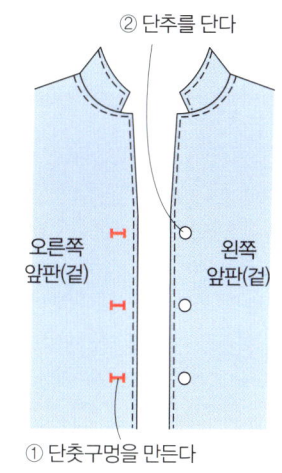

P.33 **24**   P.34 **25**

재료	치수	S	M	L	LL
No.24 겉감(치노클로스-면 100%)	112cm 폭	190cm	200cm	200cm	210cm
No.25 겉감(치노클로스-면 100%)	112cm 폭	190cm	200cm	210cm	220cm
접착심지	112cm 폭	10cm	10cm	10cm	10cm
납작 고무줄	3cm 폭	40cm	40cm	40cm	40cm
완성 치수	바지 길이	72.5cm	75.5cm	78cm	80cm

실물 크기 옷본

◆ 실물 크기 옷본 A면 25를 사용합니다.

사용하는 부분 : 앞판, 뒤판, 주머닛감, 옆감

※ 허릿단은 실물 크기 옷본이 없으므로 각자 제도하여 사용합니다.

〈옷본 · 제도〉 ☐ = 실물 크기 옷본

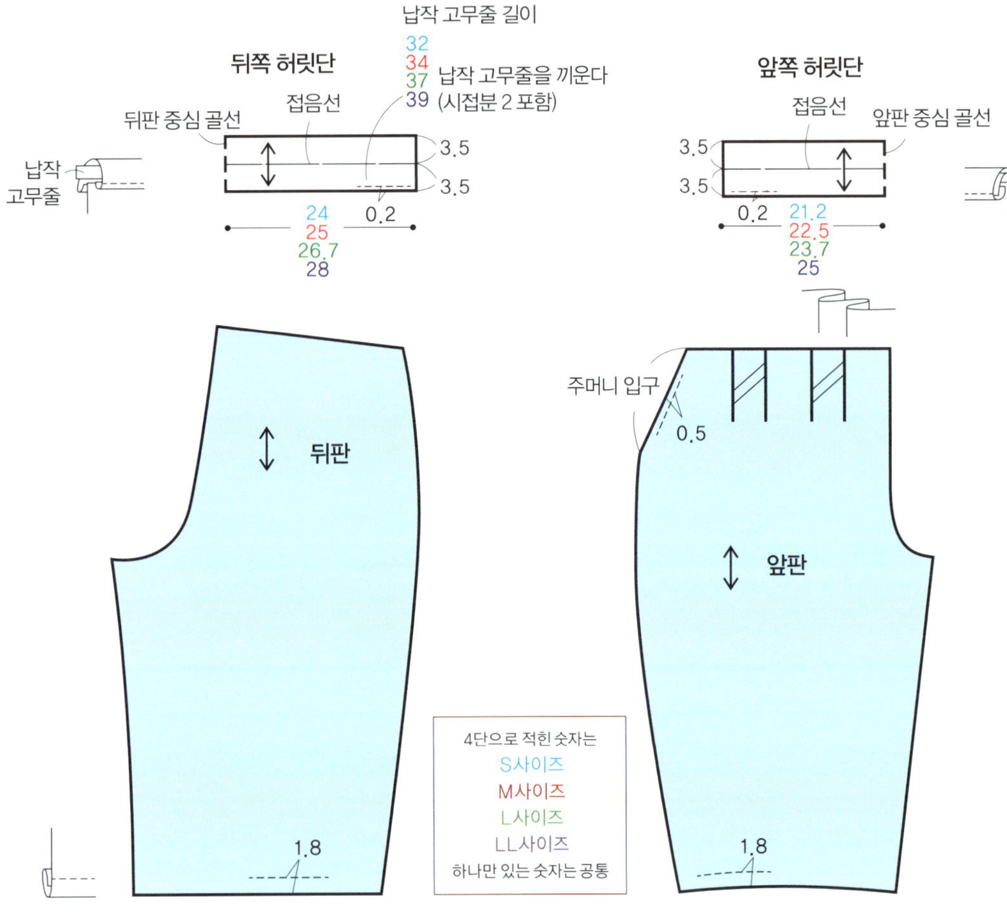

만드는 순서

Front / Back

4단으로 적힌 숫자는
S사이즈
M사이즈
L사이즈
LL사이즈
하나만 있는 숫자는 공통

겉감을 마름질하는 법

◆ 정해진 곳 이외의 시접 치수는 1cm

☐ = 접착심지를 붙이는 부분

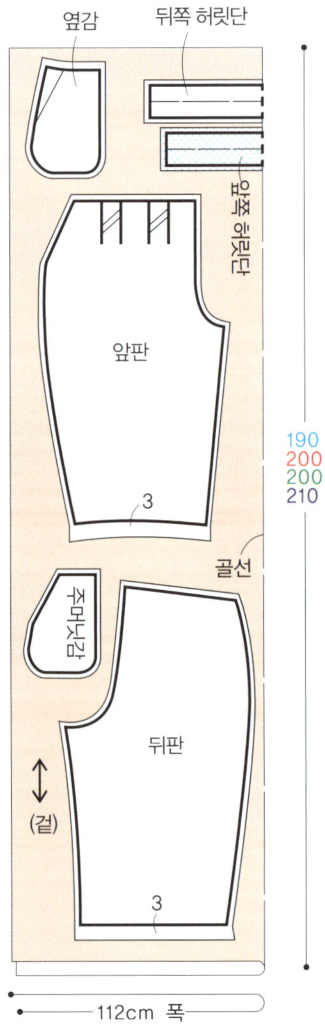

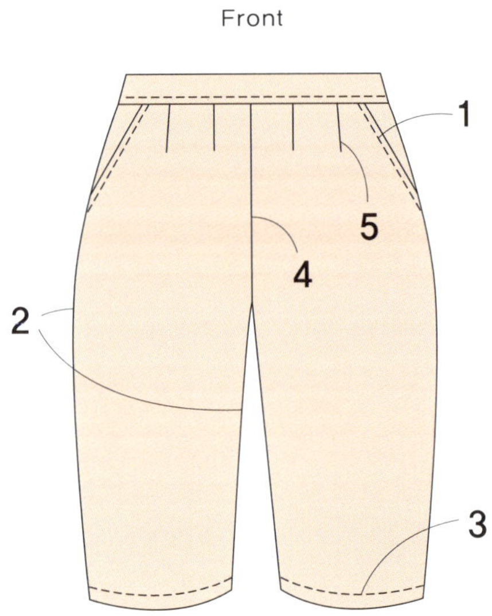

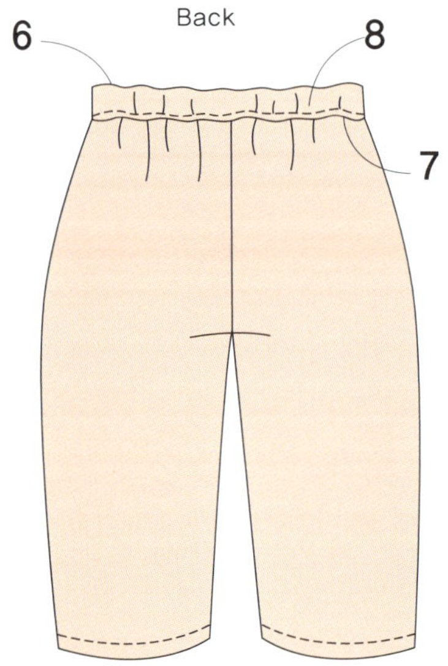

만드는 법

* 준비 작업 : 앞쪽 허릿단에 접착심지를 붙인다.
마름질하여 옆선, 밑아래선, 밑위선, 주머닛감,
옆감 가장자리를 지그재그로 박는다.

1 옆감, 주머닛감을 단다.

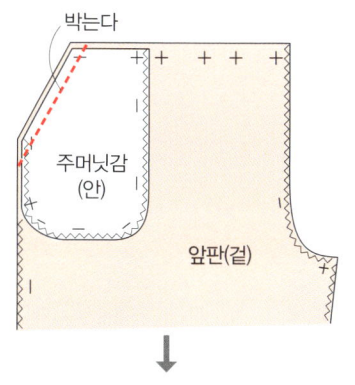
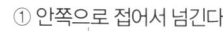
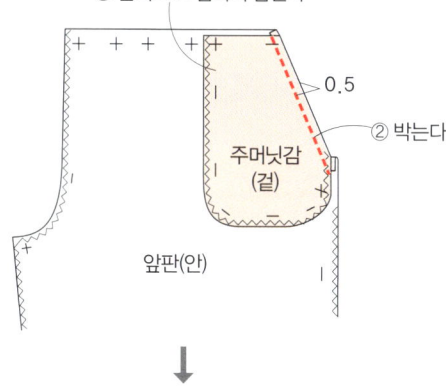

2 옆선, 밑아래선을 박는다.

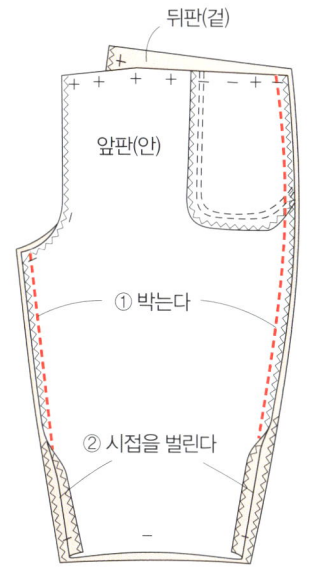

3 밑단을 박는다.

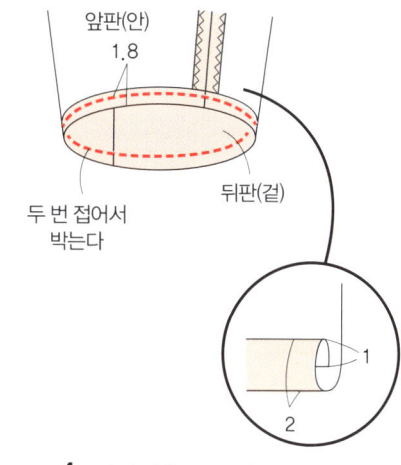

4 밑위선을 박는다.

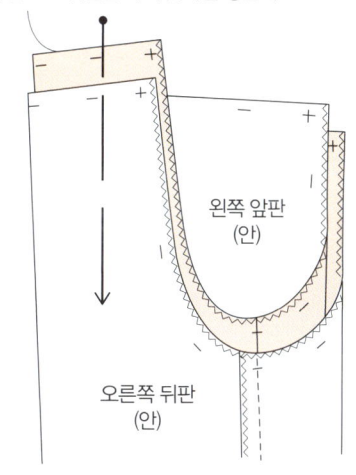

5 접박기를 한다.

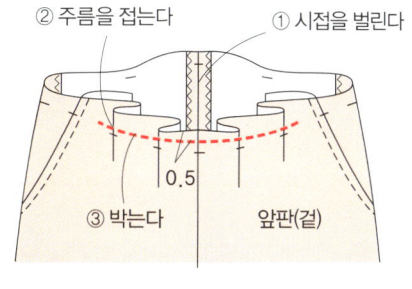

6 허릿단을 만든다.

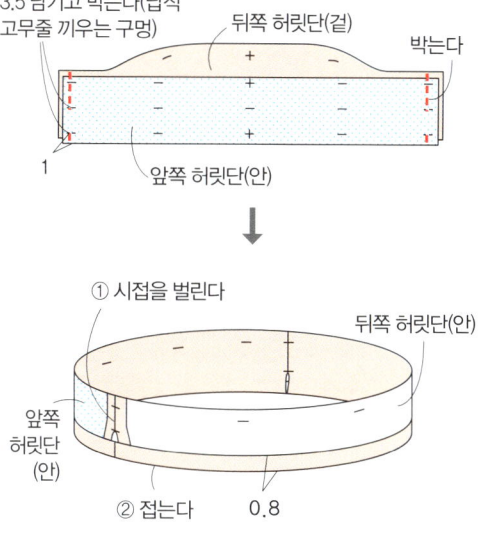

7 허릿단을 단다.

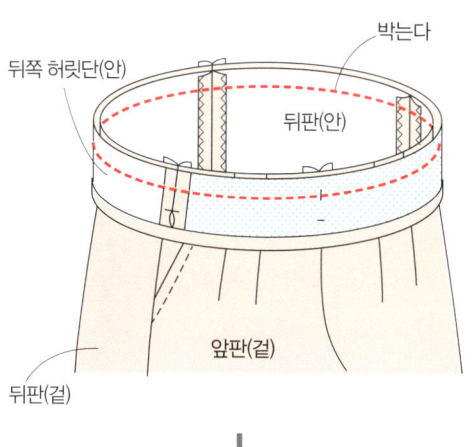
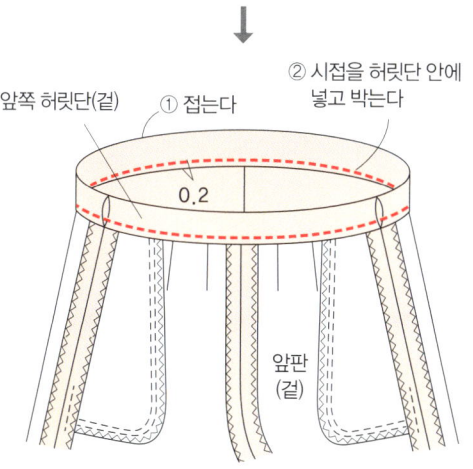

8 납작 고무줄을 끼운다.

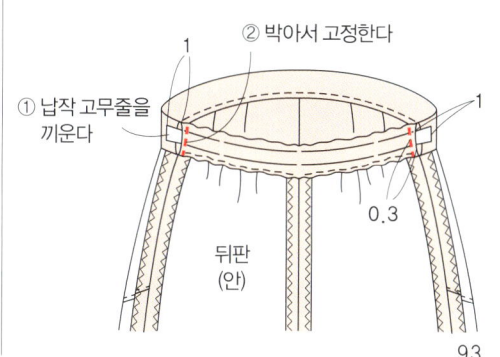

P.36 27

재료	치수	S	M	L	LL
겉감(코튼 트윌-면 100%)	112cm 폭	160cm	170cm	180cm	180cm
납작 고무줄	3cm 폭	70cm	70cm	80cm	80cm
완성 치수	치마 길이	75.2cm	77.5cm	79.4cm	81.3cm

실물 크기 옷본

◆ 실물 크기 옷본 D면 27을 사용합니다.

사용하는 부분 : 치마

※ 허릿단은 실물 크기 옷본이 없으므로 각자 제도하여 사용합니다.

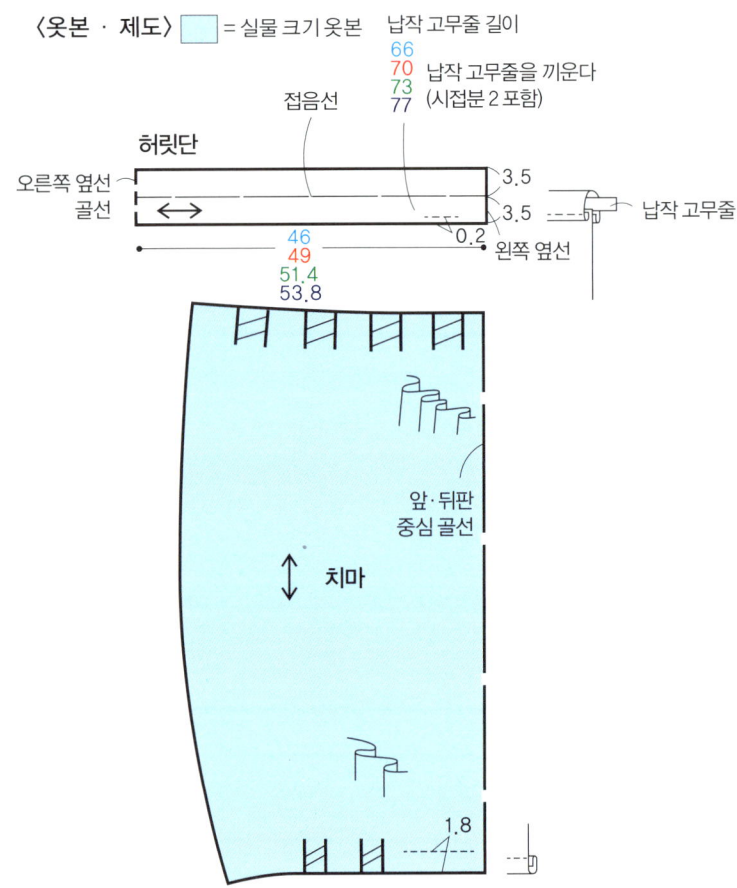

4단으로 적힌 숫자는
S사이즈
M사이즈
L사이즈
LL사이즈
하나만 있는 숫자는 공통

겉감을 마름질하는 법

◆ 정해진 곳 이외의 시접 치수는 1cm

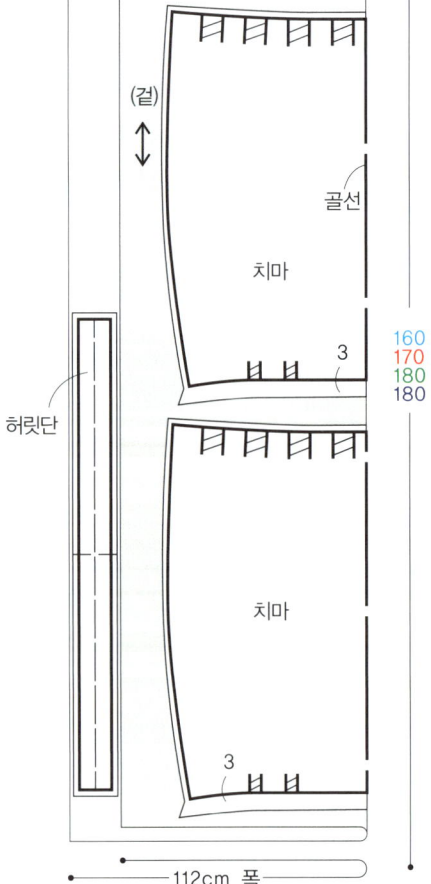

만드는 순서

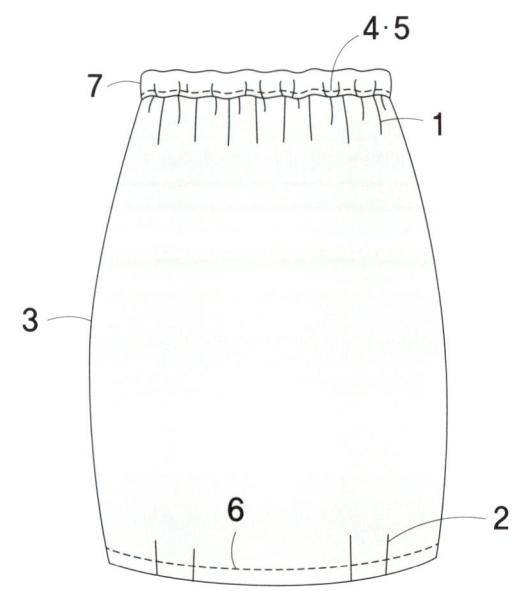

만드는 법

* 준비 작업 : 마름질하여 옆선 가장자리를 지그재그로 박는다.

1 허리에 접박기를 한다.

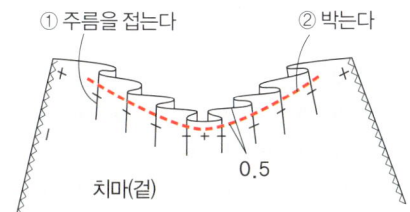

2 밑단에 접박기를 한다.

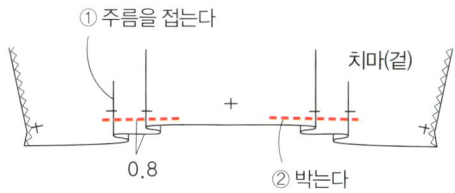

3 옆선을 박는다.

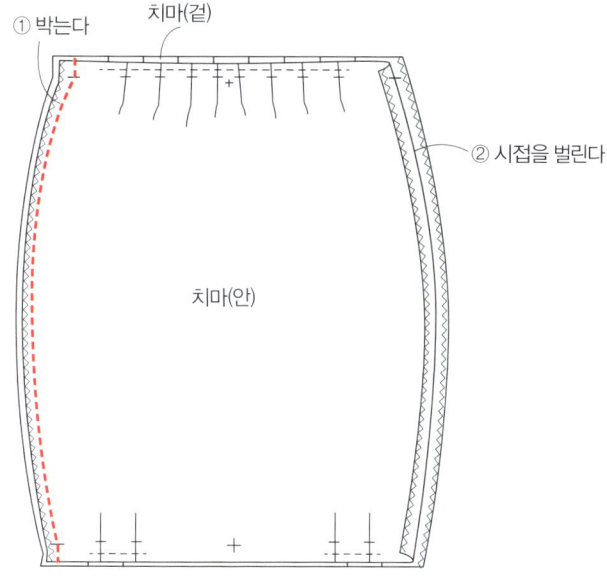

4 허릿단을 만든다.

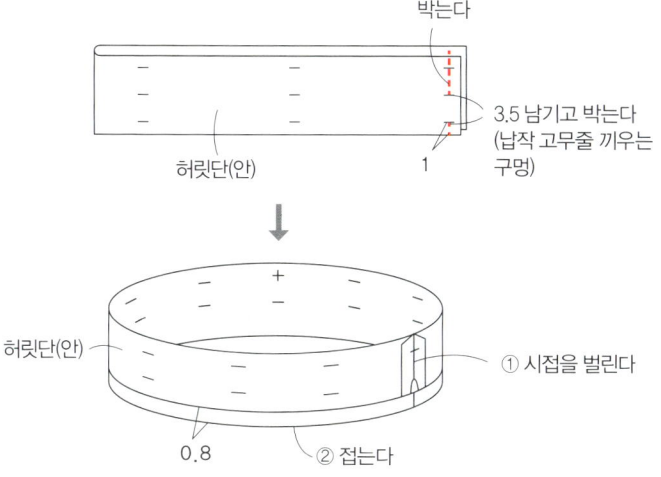

5 허릿단을 단다.

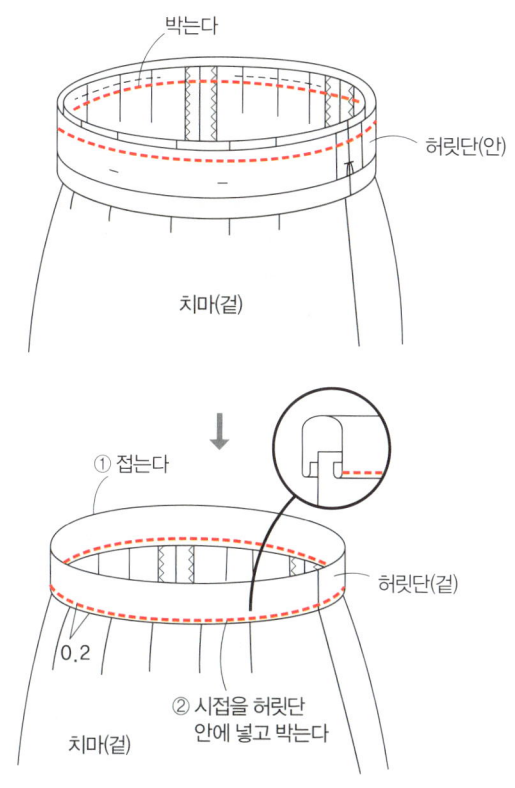

6 밑단을 박는다.

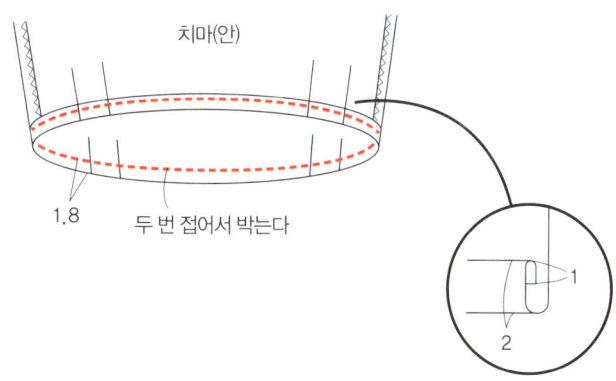

7 납작 고무줄을 끼운다.

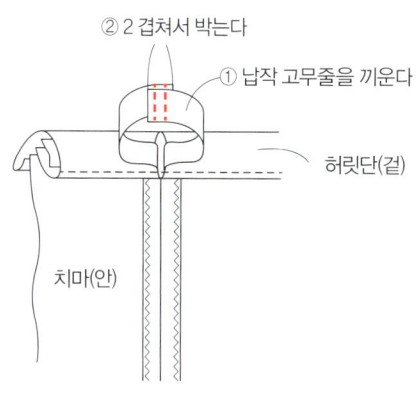

P.37 **28**

재료	치수	S	M	L	LL
겉감(소프트 브로드클로스 프린트-면100%)	110cm 폭	180cm	190cm	200cm	220cm
납작 고무줄	3cm 폭	70cm	70cm	80cm	80cm
완성 치수	바지 길이	78cm	80cm	82.5cm	84.5cm

실물 크기 옷본

◆ 실물 크기 옷본 D면 28을 사용합니다.

사용하는 부분 : 앞판, 뒤판

※ 허릿단은 실물 크기 옷본이 없으므로 각자 제도하여 사용합니다.

〈옷본 · 제도〉 = 실물 크기 옷본

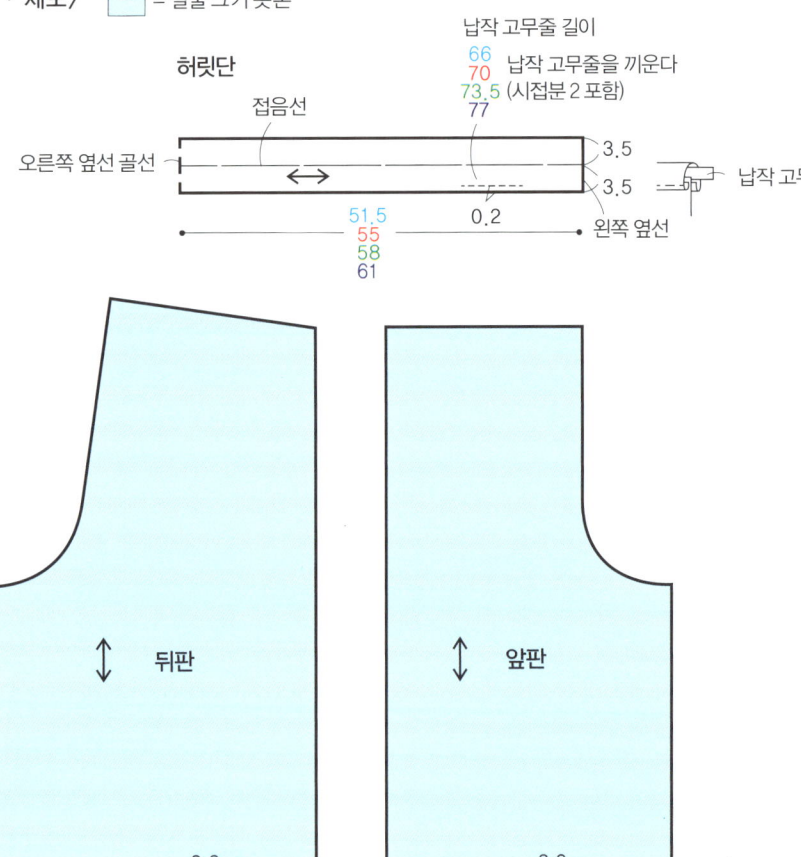

4단으로 적힌 숫자는
S사이즈
M사이즈
L사이즈
LL사이즈
하나만 있는 숫자는 공통

겉감을 마름질하는 법

◆ 정해진 곳 이외의 시접 치수는 1cm

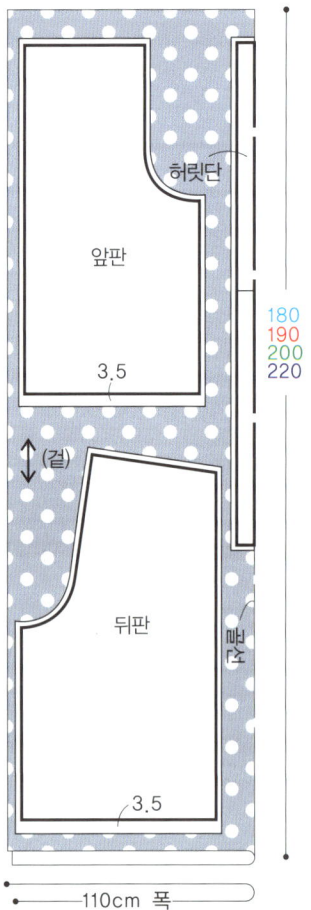

만드는 순서

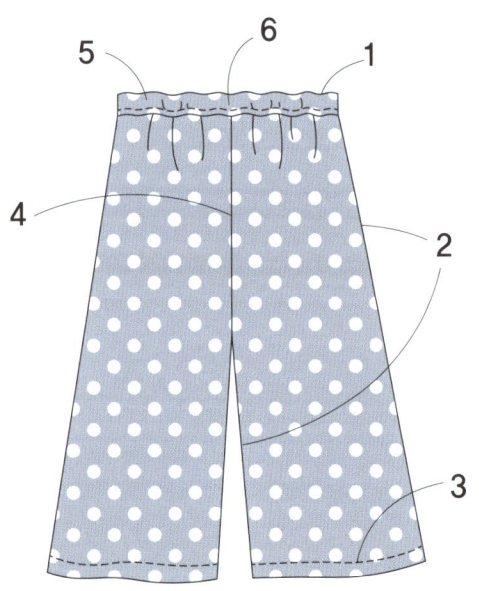

만드는 법

* 준비 작업 : 마름질하여 밑위선 가장자리를 지그재그로 박는다.

1 허릿단을 만든다.

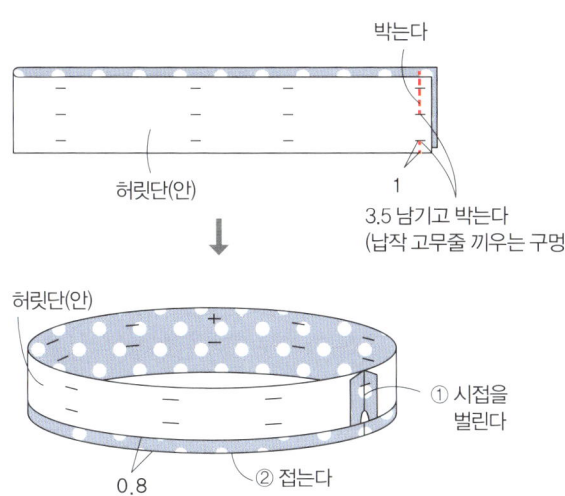

2 옆선, 밑아래선을 박는다.

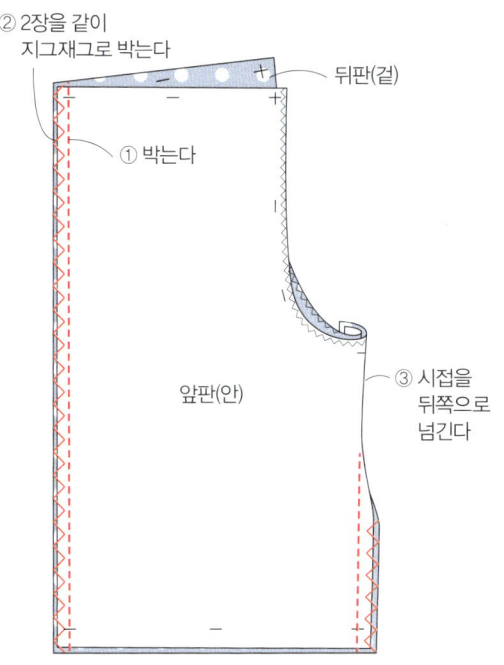

3 밑단을 박는다.

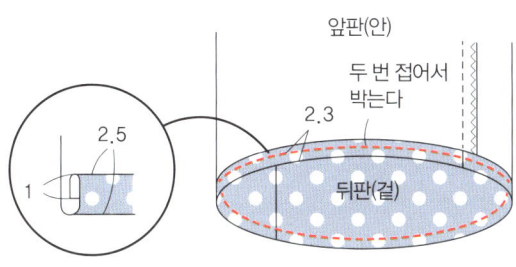

4 밑위선을 박는다.

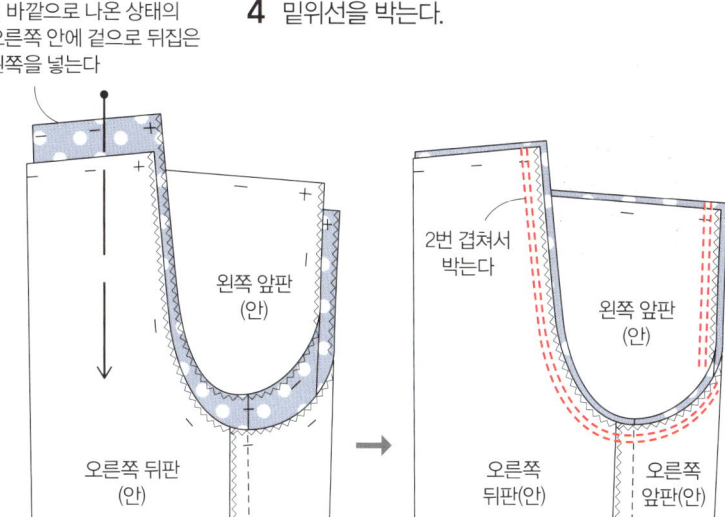

5 허릿단을 단다.

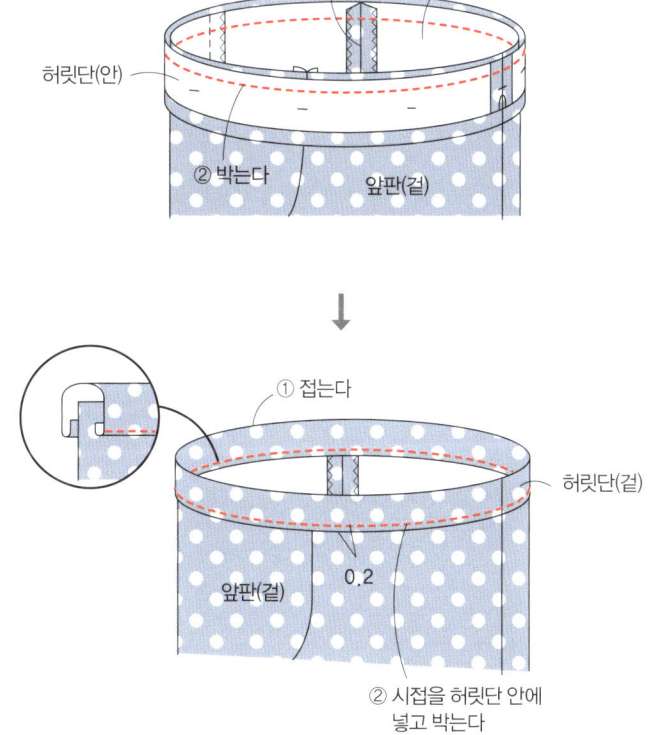

6 납작 고무줄을 끼운다.

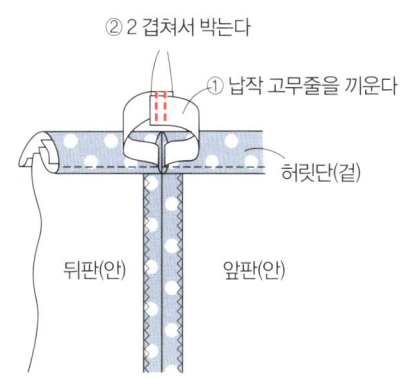

P.38 30

재료	치수	S	M	L	LL
겉감(더블 거즈 자카드-면 100%)	112cm 폭	250cm	270cm	300cm	320cm
납작 고무줄	3cm 폭	70cm	70cm	80cm	80cm
완성 치수	치마 길이	73.5cm	76.5cm	77.5cm	80.5cm

실물 크기 옷본

◆ 실물 크기 옷본 D면 30을 사용합니다.

사용하는 부분 : 치마

※ 허릿단은 실물 크기 옷본이 없으므로 각자 제도하여 사용합니다.

〈옷본 · 제도〉   = 실물 크기 옷본

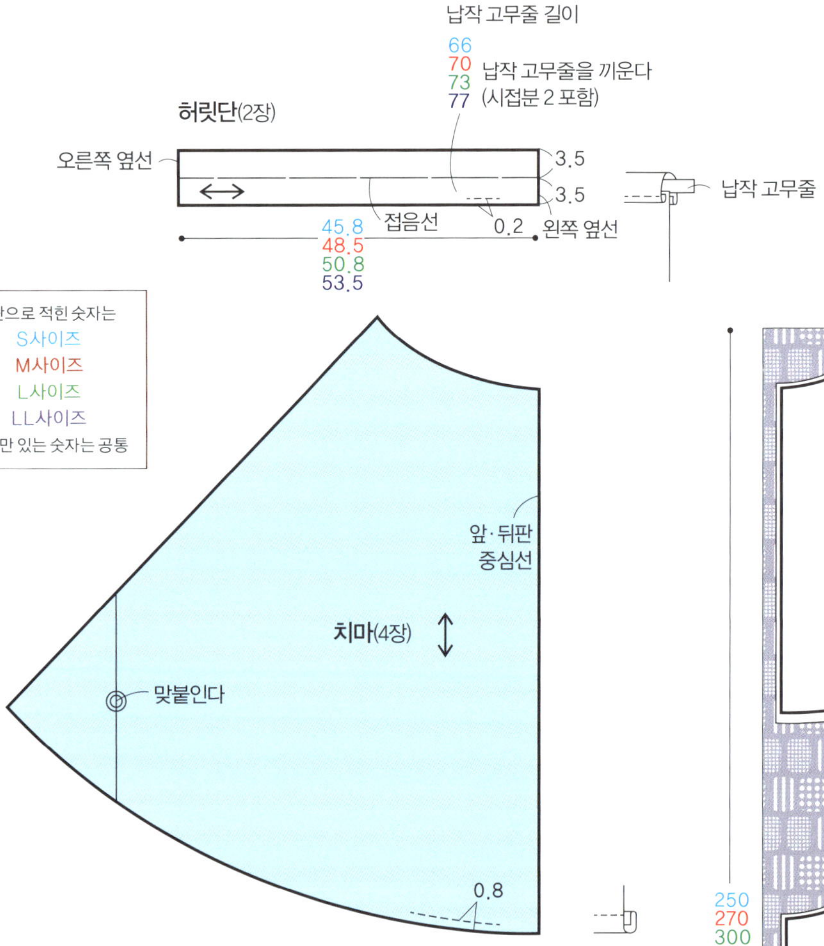

허릿단(2장)

납작 고무줄 길이
66
70
73
77
납작 고무줄을 끼운다
(시접분 2 포함)

오른쪽 옆선   3.5
   3.5
접음선 0.2 왼쪽 옆선
45.8
48.5
50.8
53.5

납작 고무줄

4단으로 적힌 숫자는
S사이즈
M사이즈
L사이즈
LL사이즈
하나만 있는 숫자는 공통

치마(4장)

앞·뒤판 중심선

맞붙인다

0.8

겉감을 마름질하는 법

◆ 정해진 곳 이외의 시접 치수는 1cm

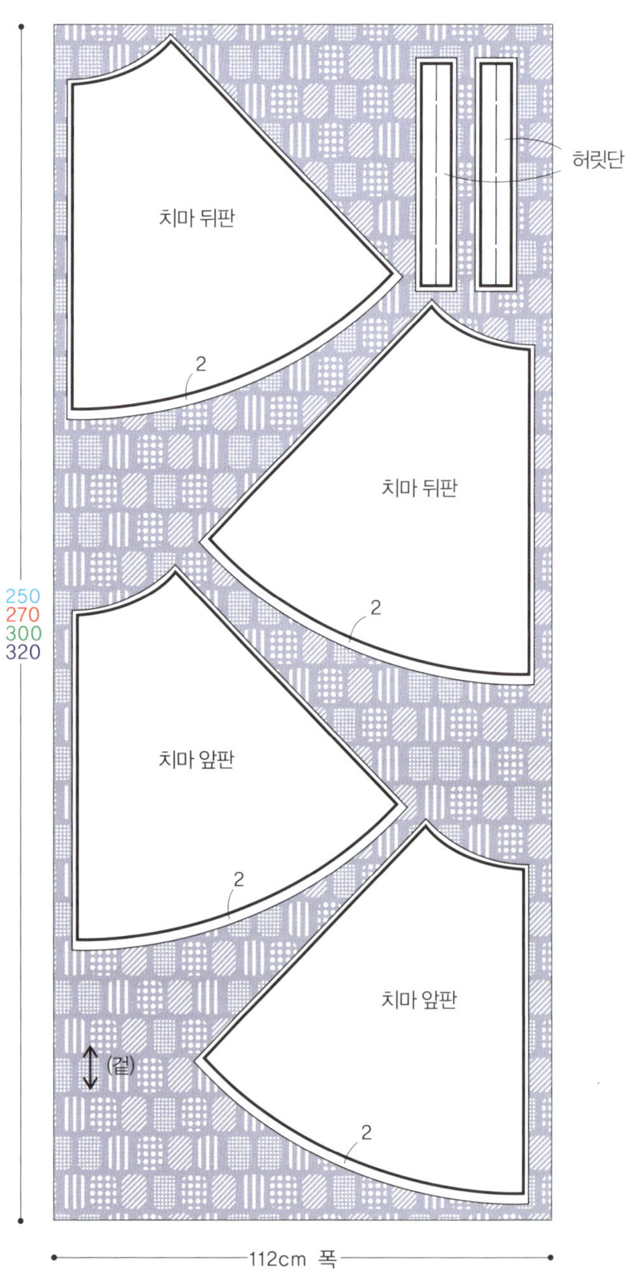

치마 뒤판
허릿단
치마 뒤판 2
치마 뒤판 2
치마 앞판 2
치마 앞판 2
  2

250
270
300
320

(겉)

112cm 폭

만드는 순서

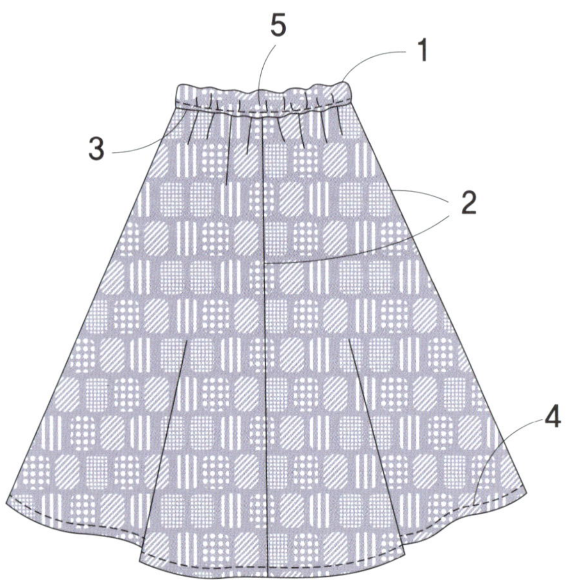

5 1
3
2
4

만드는 법   * 준비 작업 : 마름질하여 옆선, 중심선 가장자리를 지그재그로 박는다.

1 허릿단을 만든다.

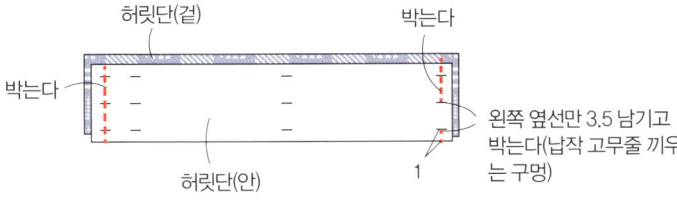

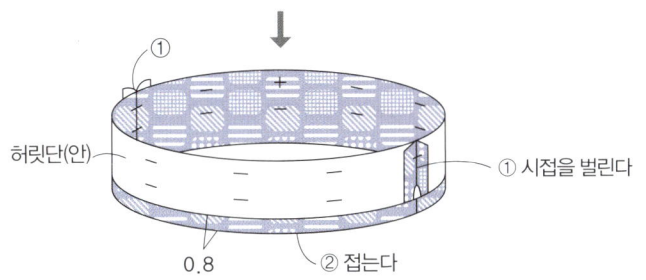

2 치마를 잇는다.

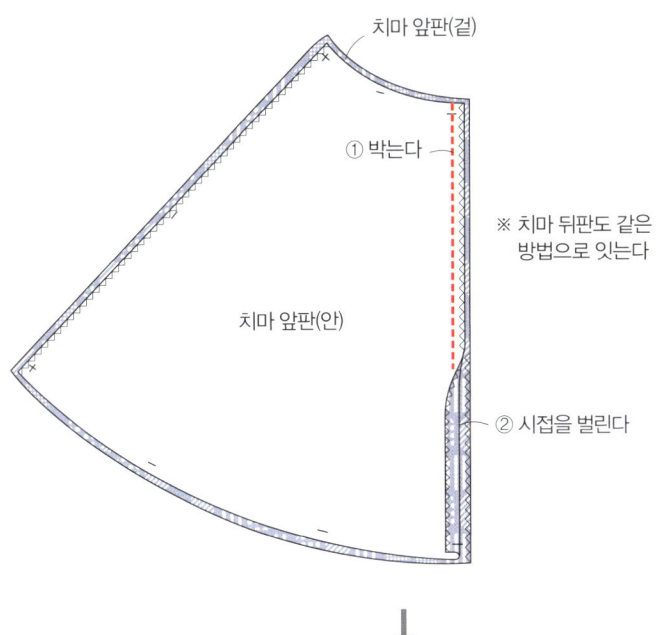

3 허릿단을 단다.

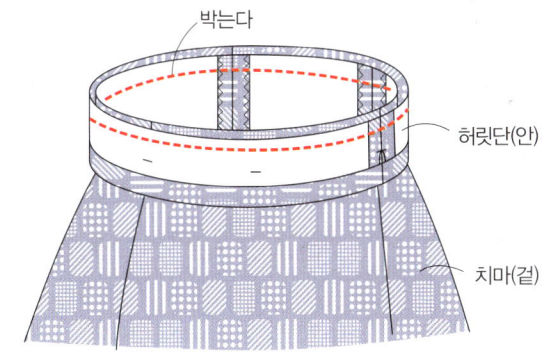

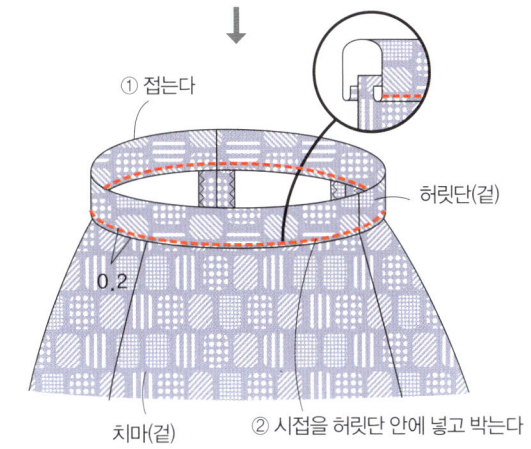

4 밑단을 박는다.

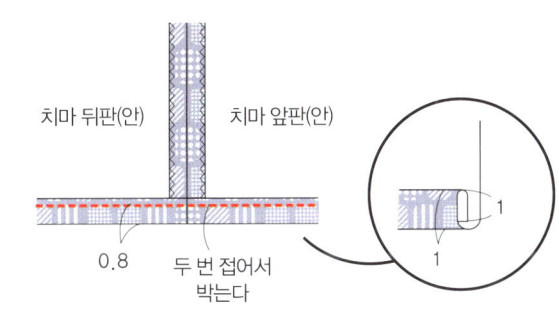

5 납작 고무줄을 끼운다.

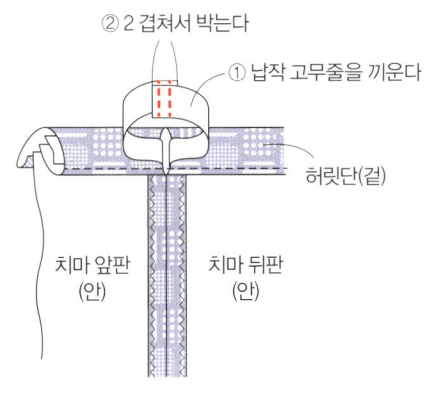

P.44 **31**   P.44 **32**   P.44 **33**

재료		
No.31 겉감(옥스퍼드 프린트-면 100%)	112cm 폭	50cm
No.32 겉감(트윌 프린트-면 100%)	110cm 폭	50cm
No.33 겉감(셔팅 프린트-면 100%)	110cm 폭	50cm
No.31 안감(타이프라이터클로스-면 100%)	108cm 폭	50cm
No.32 안감(타이프라이터클로스-면 100%)	108cm 폭	50cm
No.33 안감(타이프라이터클로스-면 100%)	108cm 폭	50cm
접착퀼트심지	100cm 폭	50cm
테이프	3cm 폭	100cm

■ 실물 크기 옷본

◆ 실물 크기 옷본 D면 31을 사용합니다.

사용하는 부분 : 가방

※ 손잡이는 실물 크기 옷본이 없으므로 각자 제도하여 사용하세요.

■ 만드는 법

* 준비 작업 : 겉가방에 접착퀼트심지를 붙인다.

1 다트를 박는다.

2 손잡이를 단다.

3 가방을 박는다.

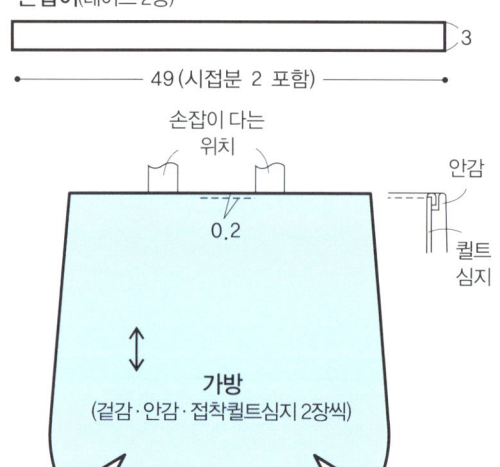
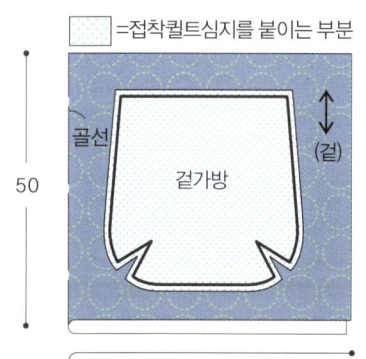
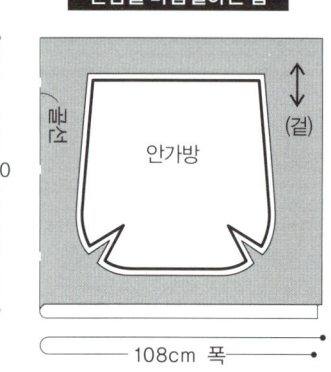
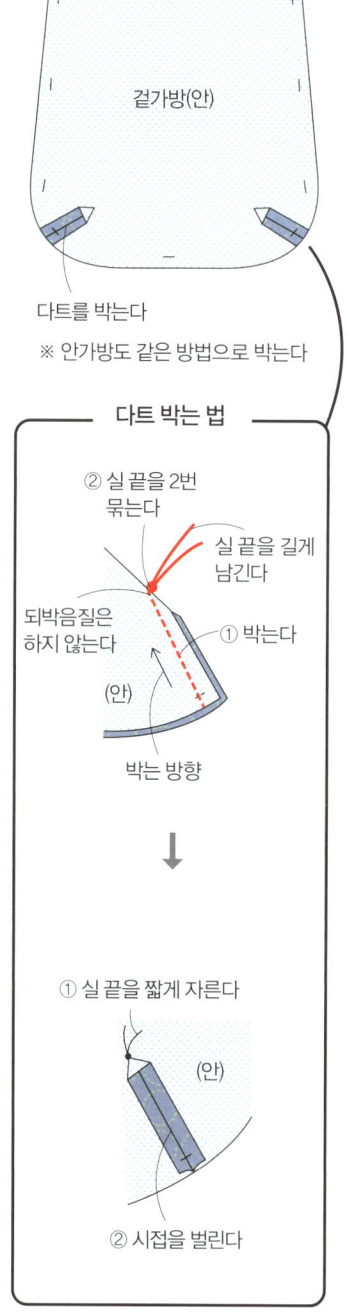
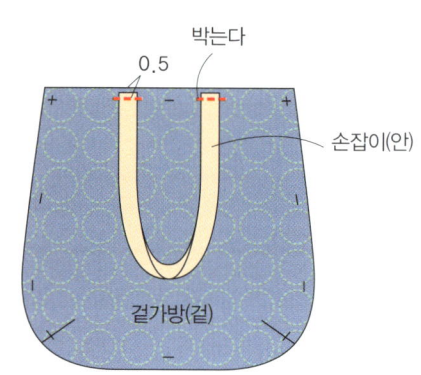
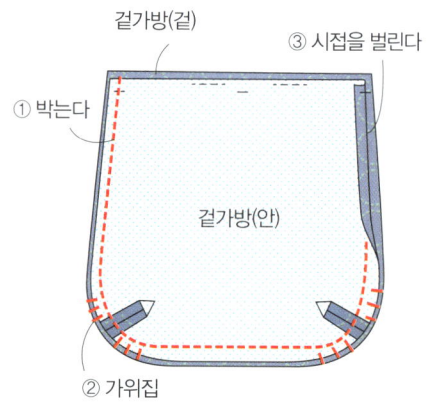
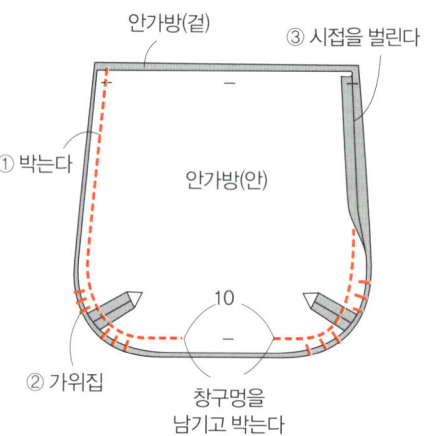

4 겉가방과 안가방을 박아서 잇는다.

① 안가방 속에 겉가방을 뒤집어서 넣는다
② 박는다

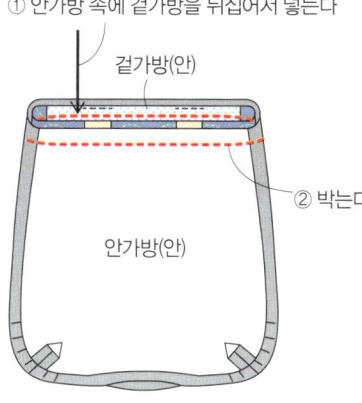

① 겉으로 뒤집는다
② 박는다
③ 창구멍을 감친다

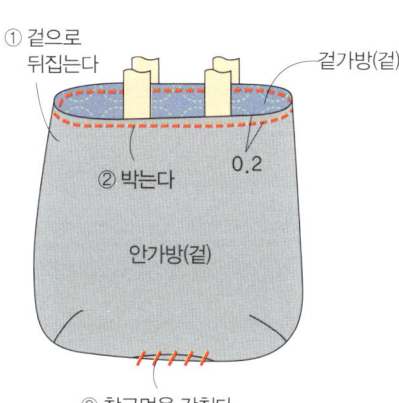

5 완성.

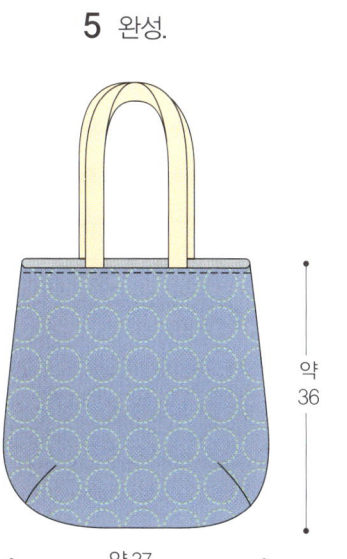

약 36 / 약 37

P.38 29

재료		
겉감(더블 거즈 자카드-면 100%)	112cm 폭	130cm

실물 크기 옷본

◆ 실물 크기 옷본은 없습니다.

※ 실물 크기 옷본이 없으므로 옷감에 직접 그려서 마름질합니다.

겉감을 마름질하는 법

◆ 전부 시접 없이 마름질한다.

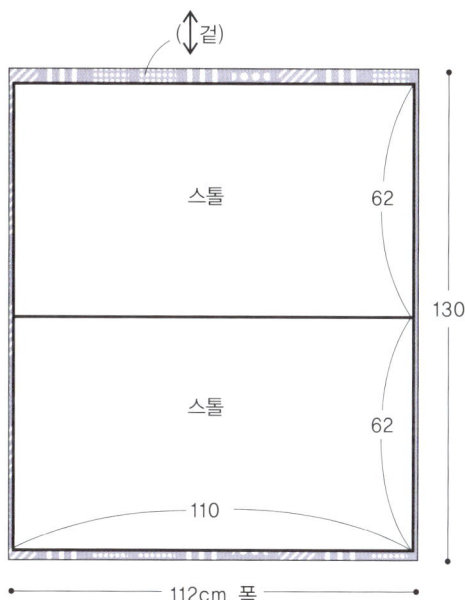

만드는 법

1 이음매를 박는다.

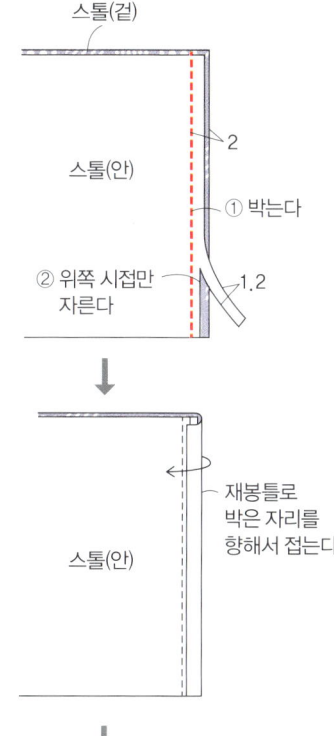

① 박는다
② 위쪽 시접만 자른다
재봉틀로 박은 자리를 향해서 접는다
① 넘긴다
② 박는다

2 술을 만든다.

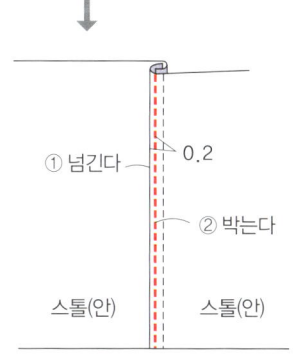

① 박는다
② 송곳을 이용하여 1~2올씩 날실을 빼낸다
※ 반대쪽에도 같은 방법으로 술을 만든다

3 가장자리를 박는다.

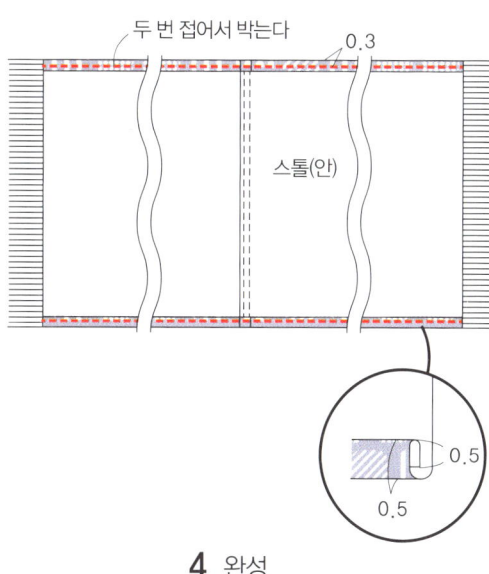

두 번 접어서 박는다 0.3
0.5 / 0.5

4 완성.

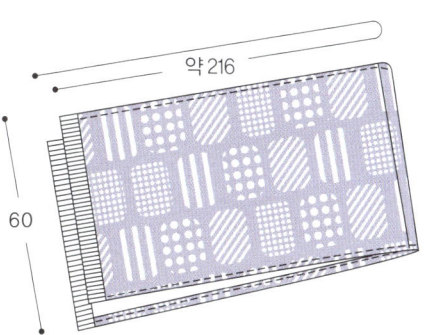

약 216 / 60

P.46 34

재료		
겉감(캔버스-면 100%)	92cm 폭	120cm

실물 크기 옷본

◆ 실물 크기 옷본 C면 34를 사용합니다.

사용하는 부분 : 뚜껑

※ 가방, 입구감, 앞쪽 안단, 어깨끈은 실물 크기 옷본이 없으므로 각자 제도하여 사용합니다.

겉감을 마름질하는 법

● 정해진 곳 이외의 시접 치수는 1cm

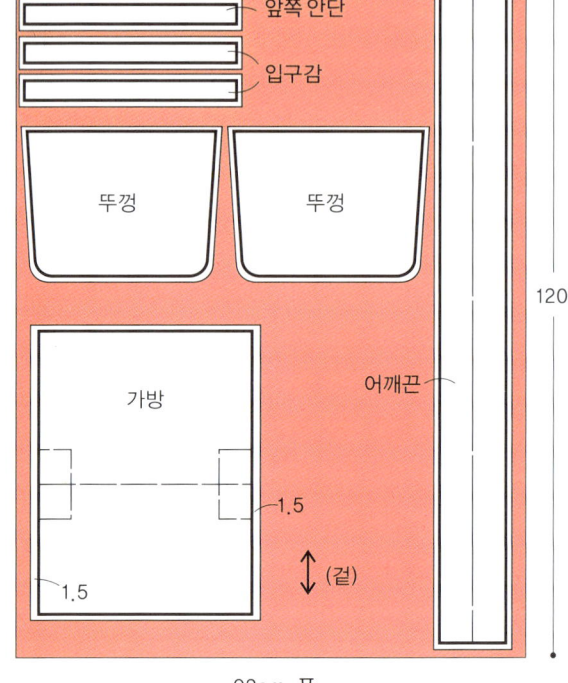

〈옷본 · 제도〉 ☐ = 실물 크기 옷본

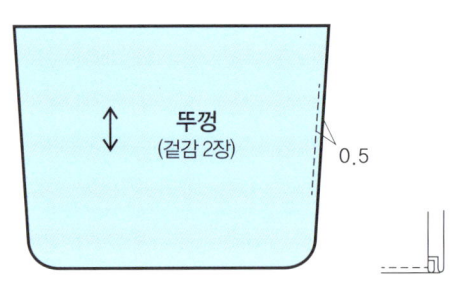

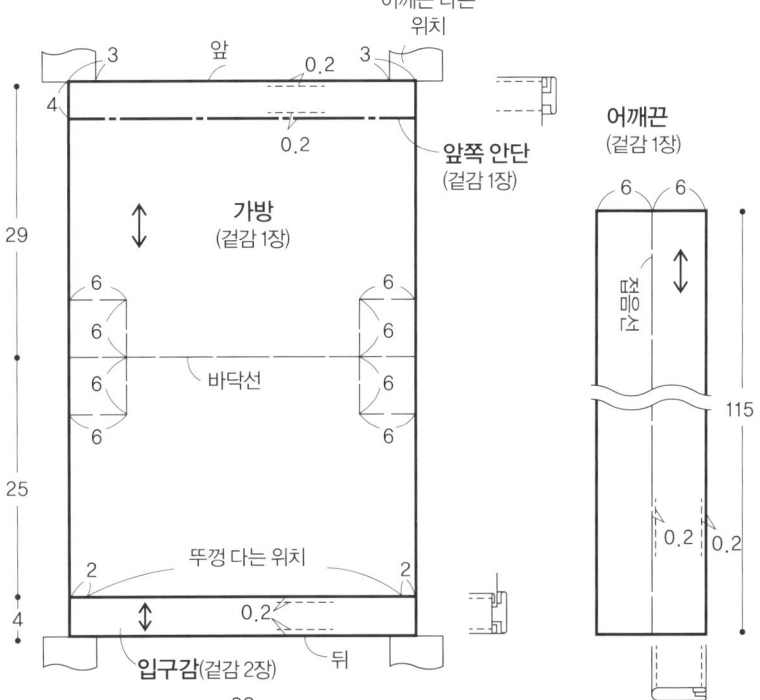

2 뚜껑, 겉입구감을 단다.

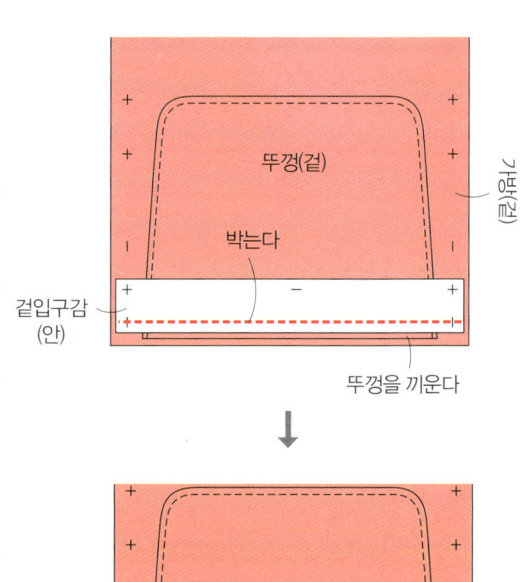

3 안입구감과 앞쪽 안단을 잇는다.

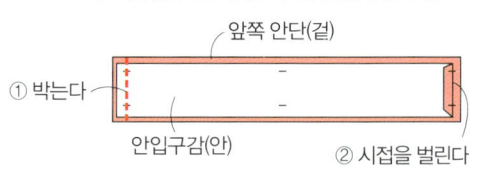

만드는 법

1 뚜껑을 만든다.

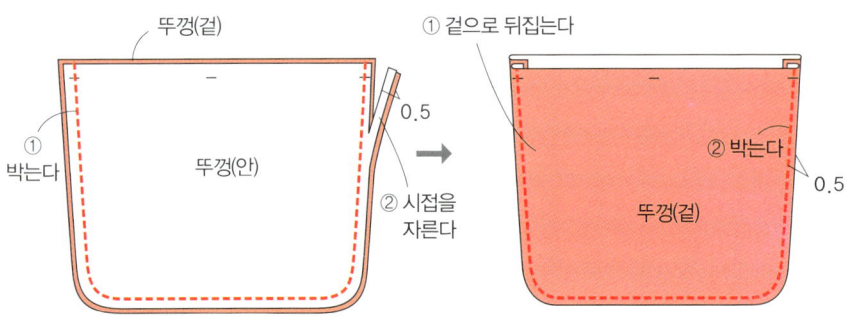

4 옆선을 박는다.

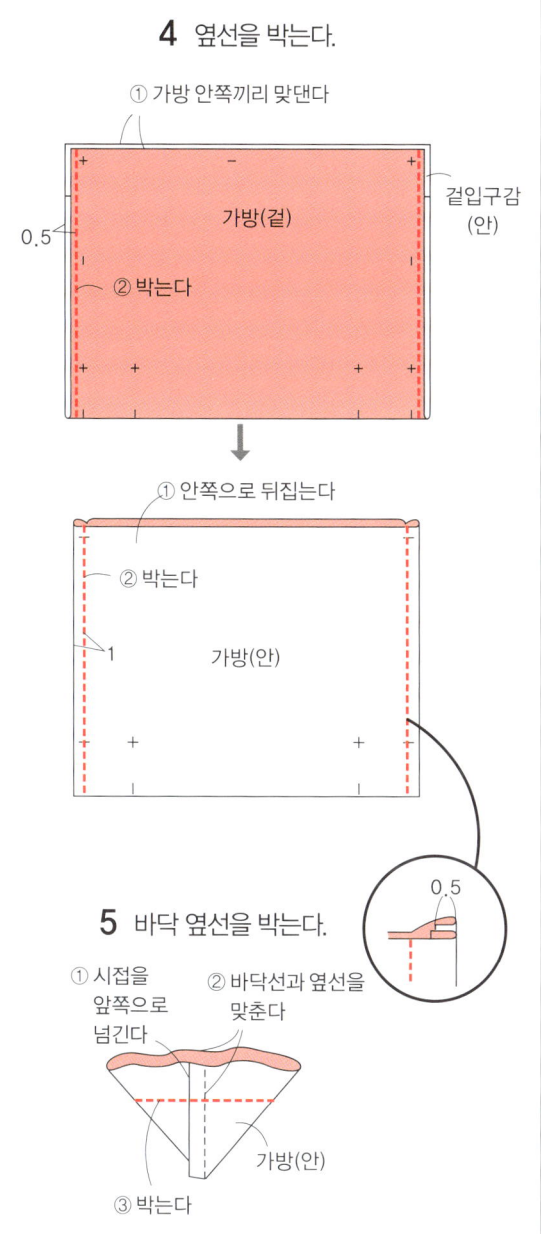

5 바닥 옆선을 박는다.

6 어깨끈을 만든다.

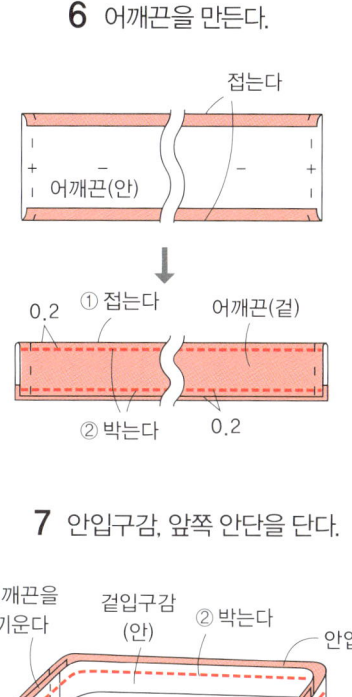

7 안입구감, 앞쪽 안단을 단다.

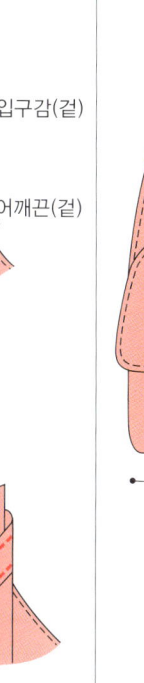

8 완성.

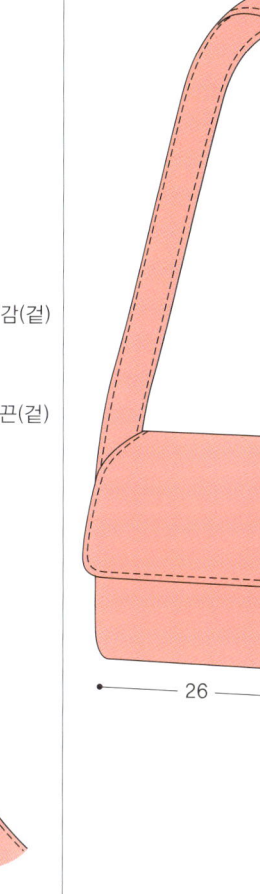

P.47 36

재료(1개분)	
겉감 15cm 폭	15cm
싸개단추 브로치 세트	1쌍

만드는 법

부분 명칭

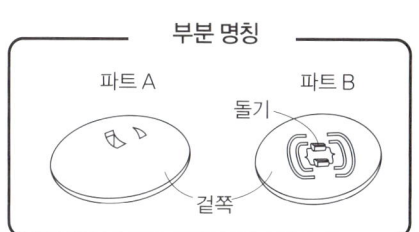

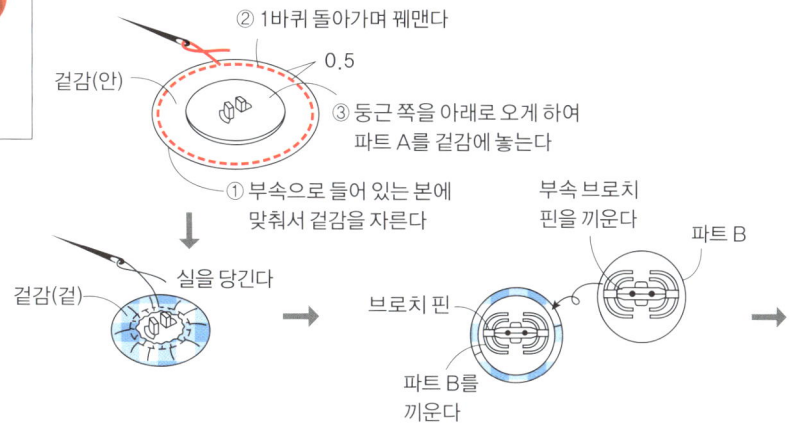

Lady Boutique Series No.8095 bonpon SANNO NANSAIDEMO OSHAREWO TANOSHIMERU TEDUKURIHUKU
Copyright ⓒ2021
All rights reserved.
Original Japanese edition published by BOUTIQUE-SHA, INC.
Korean translation rights ⓒ2021 by Happy Dream Publishing co.
Korean translation rights arranged with BOUTIQUE-SHA, INC. Tokyo
through Botong Agency, Seoul, Korea

이 책의 한국어판 저작권은 Botong Agency를 통한 저작권자와의 독점 계약으로 즐거운상상이 소유합니다.
신 저작권법에 의하여 한국 내에서 보호를 받는 저작물이므로 무단전재와 무단복제를 금합니다.

같이 입고 싶은 bonpon 커플룩

1쇄 펴낸날 2021년 9월 13일

지은이 _ bonpon
옮긴이 _ 남궁가윤
펴낸이 _ 정원정, 김자영
편집 _ 홍현숙
디자인 _ 김민정, 이유진

펴낸곳 _ 즐거운상상
주소 _ 서울시 중구 충무로 13 엘크루메트로시티 1811호
전화 _ 02-706-9452 팩스 _ 02-706-9458
전자우편 _ happydreampub@naver.com
인스타그램 _ happywitches
출판등록 _ 2001년 5월 7일
인쇄 _ 천일문화사

ISBN 979-11-5536-169-6(13630)

* 이 책의 모든 글과 그림, 사진, 디자인을 무단으로 복사, 복제, 전재하는 것은 저작권법에 위배됩니다.
* 잘못 만들어진 책은 서점에서 교환하여 드립니다.
* 책값은 뒤표지에 있습니다.